# Historia de Suecia

*500 datos interesantes sobre la historia de Suecia*

# Índice de contenidos

# Introducción

**Suecia tiene una historia rica y variada**, llena de momentos que han configurado su estado actual. **Desde el pasado remoto, cuando era una sociedad prehistórica, hasta su** posicionamiento **como una de las mayores potencias de Europa** en el siglo XVII, este libro explora la notable historia de Suecia.

**Comenzando por la Suecia prehistórica**, se examina la adaptación y los cambios de los cazadores-recolectores a lo largo de miles de años, antes de que se encontraran con forasteros de otras regiones. **Cuando Escandinavia se abrió a las influencias externas durante la época vikinga sueca**, surgieron nuevas oportunidades para el asentamiento y la exploración de tierras desconocidas, lo que condujo a un aumento del comercio dentro y fuera de Europa. En la **Suecia medieval, se observa cómo el cristianismo se afianzó en la nación** y cómo el feudalismo comenzó a dar forma a la sociedad junto a costumbres más antiguas como la Ley de Jante.

**Con la Unión de Kalmar, Dinamarca pasó a controlar gran parte de las actuales Finlandia, Estonia, Islandia y Suecia.** Este periodo de dominio danés fue testigo de **luchas religiosas entre la Iglesia católica de Dinamarca y los luteranos suecos.** Se explora el surgimiento de un fuerte sentimiento de nacionalismo sueco durante el Imperio sueco.

**Este libro recorre los principales periodos de la historia sueca hasta la actualidad, como el golpe de estado de Gustavo III, la alianza con Noruega** y la crisis económica de los años ochenta. Explora la legislación sobre **el matrimonio entre personas del mismo sexo,** las políticas de desarrollo sostenible y otras medidas progresistas. Explorando cada acontecimiento desde diferentes perspectivas, **este libro ofrece un panorama general de la compleja historia de Suecia.**

# La Suecia prehistórica
## (aprox. 12.000 a. C. - 800 d. C.)

Este capítulo explora **la extraordinaria historia de la Suecia prehistórica**. Se habla de objetos hallados en yacimientos antiguos y **se presentan las diferentes culturas que habitaron Suecia**. A través de estos interesantes datos se puede comprender mejor la vida durante este período.

1. **El periodo de la prehistoria de Suecia se remonta a alrededor del** 12.000 a. C. (en el **Paleolítico**), cuando la región fue colonizada por cazadores-recolectores procedentes de distintas partes de Europa. **Se movían** por toda la zona **buscando** la **pesca y la caza**.

2. **En el Mesolítico** (aprox. 8000-4000 a. C.), el calentamiento del planeta provocó el derretimiento de **gran parte del hielo glaciar que cubría Escandinavia**, incluida Suecia. Durante este periodo, los bosques crecieron y los habitantes de la actual Suecia comenzaron a practicar la agricultura y la ganadería.

3. **El Neolítico fue el último periodo de la «Edad de Piedra» y duró aproximadamente desde el 4000 hasta el 2300 a. C.** Fue una época de grandes cambios. Los pobladores comenzaron a construir asentamientos permanentes y desarrollaron nuevas tecnologías, como la cerámica y la metalurgia básica.

4. **Un yacimiento arqueológico notable es Helgö**, que permite ver cómo vivían los suecos prehistóricos en torno al año 200 a. C. Allí se encontraron pruebas de la forja del bronce.

5. **En la prehistoria habitaban en Suecia muchas tribus diferentes**, como los *svear* (suecos), **los *götar*** (godos) y un pequeño número de finlandeses. Aunque estos pueblos son los antepasados de los suecos y finlandeses actuales, es importante recordar que sus lenguas y culturas estaban en constante evolución.

6. **Las primeras tribus suecas hablaban una lengua que los suecos o finlandeses actuales no podrían entender**.

7. En el año 500 a. C. **comenzó la Edad de Hierro**. La agricultura era cada vez más común y la introducción de herramientas de hierro hizo que mejorara la producción de cultivos como el centeno y la cebada.

8. **Ya en el año 200 a. C., el comercio entre Escandinavia y Roma floreció** gracias a las rutas comerciales fluviales.

9. Durante muchos años, **los suecos creyeron que los primeros reyes suecos pertenecían a la dinastía «Yngling»** y descendían de los dioses.

10. **Yngvi-Freyr es una figura legendaria asociada a la fertilidad y la agricultura.** Su reinado, si es que puede llamarse así, se sitúa en un contexto prehistórico y mitológico, lo que dificulta saber las fechas concretas.

11. En realidad, **Suecia no estuvo unida bajo un solo rey hasta principios del siglo XVI.**

12. **Los suecos prehistóricos vestían pieles de animales** que cosían con agujas de hueso. También fabricaban joyas de madera petrificada, ámbar, bronce, plata y oro.

13. Antes de la llegada del cristianismo (alrededor del año 800 d. C.) e incluso algunos siglos después, **los escandinavos adoraban a dioses como Odín, Thor, Freyr y Freyja.** Estos dioses siguen siendo populares hoy en día en series y libros sobre vikingos.

14. **Alrededor del año 500 d. C., se generalizó el uso de la escritura rúnica,** que permitía delimitar territorios, rotular mapas y grabar monumentos conmemorativos.

15. Entre el 600 y el 700 d. C., **la gente construía fortificaciones alrededor de sus pueblos para protegerlos de las incursiones de otras tribus o pueblos vecinos.** Estas fortificaciones a menudo incluían muros de tierra, zanjas y empalizadas de madera.

16. **A finales de la Edad de Hierro,** algunos de estos pueblos fortificados se convirtieron en ciudades importantes, como Birka (750 d. C.), situada en una isla del lago Mälaren.

17. **Birka fue la primera ciudad de Suecia.** Con el tiempo se convirtió en un gran centro comercial de mercancías procedentes de Occidente y de Oriente.

18. **Los escandinavos de la Edad de Bronce y principios de la Edad de Hierro utilizaban grandes embarcaciones de remos para navegar por las costas del Báltico y el mar del Norte.** Posteriormente, estos barcos fueron la base del diseño de los famosos veleros vikingos.

19. **El antiguo folclore sueco incluía historias sobre troles que vivían debajo de puentes y montañas y** supersticiones como que no se podía pasar por debajo de una escalera. Estos relatos se remontan al menos al año 1000 d. C.

20. **Los suecos prehistóricos tenían grandes conocimientos de astronomía y seguían los movimientos de las estrellas,** los planetas y la luna.

21. **Los hallazgos arqueológicos incluyen arte rupestre que muestra imágenes del sol, la luna y las estrellas.**

22. **En Suecia se han encontrado varios círculos de piedra.** Se cree que se utilizaban para observaciones astronómicas.

23. **Entre los juegos practicados en la última parte de este periodo se encuentran el «*knattleikr*»** (similar al hockey actual) y el «*buhurt*» (un simulacro de batalla), que se jugaban como entretenimiento o para entrenar a los guerreros.

24. **Los suecos de la prehistoria y la época vikinga creían en un gigantesco árbol del mundo llamado Yggdrasil que conectaba todos los reinos de la existencia.**

25. **Ya antes de la época vikinga, los escandinavos, incluidos los suecos, realizaban asaltos a lo largo de las costas del Báltico y el mar del Norte.** Los hallazgos de barcos y tallas de piedra en estas zonas indican que realizaban incursiones a pequeña escala antes de la época vikinga.

# La época vikinga en Suecia
## (800 - 1050 d. C.)

En este capítulo se explora **la fascinante historia de la época vikinga en Suecia**, comprendida entre los años 800 y 1050 de nuestra era. Desde incursiones en tierras extranjeras hasta redes comerciales que conectaban con el **norte de África y Oriente**, se relata cómo **los vikingos navegaron por los mares** y establecieron asentamientos en nuevas tierras.

26. **Los vikingos habitaron las regiones de Götaland, Svealand y Norrland,** que hoy en día constituyen la actual Suecia.

27. **Durante la época de la expansión vikinga por Europa,** los suecos desempeñaron un papel notable en el comercio con otras partes de Europa y en las incursiones en busca de tesoros y esclavos.

28. **Aunque muchos guerreros suecos se unieron a sus parientes noruegos y daneses en incursiones a Europa occidental y Gran Bretaña,** la mayoría comerciaban y hacían incursiones en las tierras del noreste de Europa, así como en las actuales Rusia y Ucrania.

29. **Los vikingos suecos también se aventuraron hacia el sur, hasta Constantinopla, la capital del Imperio bizantino.**

30. **Birka, cerca de Estocolmo, es considerado uno de los yacimientos arqueológicos más importantes de la época vikinga** debido a la abundancia de artefactos encontrados, como monedas y joyas pertenecientes a mercaderes de toda Escandinavia, otras partes de Europa, Asia Central e incluso China.

31. **Los vikingos suecos tenían un estilo único de vestir, que se convirtió en uno de los símbolos más reconocibles de la cultura nórdica.**

32. **Los vikingos solían llevar joyas,** como broches, collares y brazaletes.

33. En la Edad Media, **la vestimenta sueca ya era uno de los símbolos más reconocibles de la cultura nórdica.** Se consideraba un símbolo de fuerza, poder y riqueza.

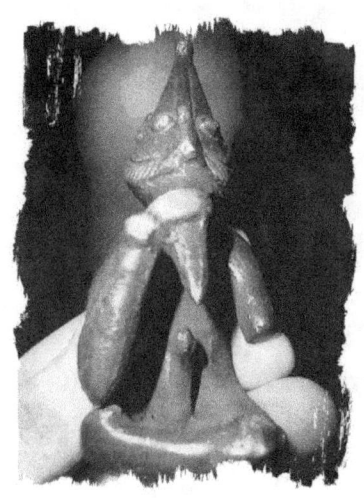

34. **Los vikingos suecos participaron en muchas batallas,** algunas pequeñas y otras grandes, como **la mítica batalla de Brávalla**, que se libró contra vikingos daneses cerca de la actual Linköpin, en la costa este de Suecia. Se cree que la ganaron los **guerreros suecos, a pesar de ser superados ampliamente en número.**

35. **Las famosas piedras rúnicas que se encuentran por toda Suecia cuentan historias sobre hazañas heroicas durante este periodo,** incluidas las relacionadas con incursiones al extranjero o la defensa del suelo sueco de invasores extranjeros como los sajones de Alemania.

36. **La economía de los suecos en la época vikinga se basaba en la agricultura, complementada con el comercio de bienes como el marfil de morsa,** las pieles de foca y las pieles con otras regiones, tanto cercanas (Escandinavia) como lejanas (como el Medio Oriente).

37. **Los vikingos suecos viajaron ampliamente por Europa en busca de nuevas tierras para asentarse o de oportunidades comerciales,** desde Escandinavia hasta la región mediterránea e incluso más lejos.

38. **En la época vikinga aumentó la población en toda Suecia** y muchas áreas alcanzaron una gran densidad de población debido a su economía en auge, alimentada por el comercio con el extranjero.

39. **La mayoría de los suecos vivían en granjas cerca de lagos o arroyos,** mientras que algunos asentamientos más grandes se ubicaban a lo largo de los principales ríos para facilitar el acceso y la comunicación entre las comunidades a través del transporte fluvial.

40. **Las rutas comerciales entre los países escandinavos estaban bien establecidas durante este periodo,** lo que permitía que mercancías como el hierro y la madera se intercambiaran rápidamente sin hacer largos viajes por tierra a través de territorios hostiles.

41. **Durante la época vikinga, la sociedad sueca estaba dividida en clases sociales** con diferentes derechos, como los *jarls* (nobles), los *bauers* (hombres libres) y los *thralls* (esclavos).

42. **La lengua hablada por los vikingos suecos durante este periodo se conoce como nórdico antiguo**. También hablaban dialectos similares los vikingos noruegos y daneses. El nórdico es una lengua germánica y los escandinavos se consideran parte del grupo de pueblos germánicos.

43. **Las leyes escandinavas de la época vikinga se conservaron en manuscritos** e historias posteriores escritas en latín, lo que nos da una idea de cómo se administraba la justicia y se imponían castigos a los criminales durante ese período en Suecia.

44. **En Suecia han sido descubiertos muchos hallazgos arqueológicos de este período**, incluyendo joyas, armas y herramientas que proporcionan valiosa información de cómo vivían los suecos durante este tiempo.

45. **La época vikinga fue un periodo dorado para los artesanos suecos**, que crearon intrincados diseños en objetos como espadas o bastones de madera. Para decorarlos, representaban principalmente motivos animales, como dragones o serpientes.

46. **Se sabe que los vikingos suecos eran muy supersticiosos**. Creían en los presagios de dioses y diosas, participaban en rituales mágicos y consultaban a videntes antes de tomar decisiones importantes relacionadas con las batallas.

47. **Las monedas de la época vikinga encontradas en toda Escandinavia confirman que existían activas redes comerciales entre países de toda Europa**, lo que proporciona una prueba más de sus excelentes habilidades de navegación por mar abierto, a pesar de que carecían del sofisticado equipamiento de las embarcaciones modernas.

48. **Las familias y los clanes desempeñaban un papel importante en la Suecia de la época vikinga**. Las parejas casadas solían recibir un trato diferente al de los solteros en cuanto a derechos o privilegios, como la propiedad de la tierra.

49. **Los vikingos suecos eran conocidos por su amor a la música y la danza**, que a menudo formaban parte de ceremonias religiosas o celebraciones tras incursiones y batallas exitosas.

50. **Las evidencias arqueológicas sugieren que los vikingos suecos vivían en asentamientos semipermanentes**, siendo las casas largas el tipo de vivienda más común.

51. **A lo largo de Suecia se han descubierto entierros vikingos** que revelan información notable sobre ritos y costumbres funerarias, además de las armas utilizadas por estos guerreros en la época.

52. En la década del 830 de la era cristiana, en los albores de **la época vikinga, el cristianismo llegó a Suecia con San Ansgar (a menudo llamado «el apóstol del norte»)**, que trajo misioneros del Imperio franco, que incluía la mayor parte de la Francia moderna y parte de Alemania. Sin embargo, **el cristianismo no se convirtió en la religión dominante de Suecia hasta el siglo XII.**

53. Durante la época vikinga en **Suecia y Escandinavia, las decisiones importantes se tomaban a menudo en la** *«Thing»*, una reunión de hombres libres que discutían y a menudo votaban nuevas leyes, impuestos, penas para los criminales y mucho más.

54. **Los vikingos suecos practicaban la poligamia y mantenían relaciones no monógamas.** Este tipo de relaciones eran comunes entre ciertas clases, principalmente los *jarls* (nobles). Estos podían tener múltiples esposas o concubinas sin enfrentarse a repercusiones legales.

55. **Los vikingos utilizaban las runas nórdicas para comunicarse.** Se han encontrado en toda Escandinavia e incluso en la actual Turquía. **Las runas proporcionan una valiosa información sobre el sistema de escritura** y cómo evolucionó a lo largo de los siglos debido al contacto con otras culturas y pueblos a través del comercio y la guerra.

# Suecia medieval
## (1050-1520)

Este capítulo explora **la historia de la Suecia medieval, entre** el 1050 y el 1520. Habla de cómo era la vida en esta época para los suecos y cómo interactuaban con sus vecinos. Además, presenta **la expansión del cristianismo** y los acontecimientos culturales y políticos importantes de la época.

56. **En la Suecia medieval, la mayoría de la gente se ganaba la vida con la agricultura o la pesca**.

57. **El cristianismo fue introducido en Suecia en 829 por Ansgar**, un misionero franco. La conversión al cristianismo en Suecia fue más tranquila que en Noruega, pero los cambios tardaron más de un siglo y el crecimiento del cristianismo no estuvo exento de conflictos.

58. **Escandinavia experimentó un importante crecimiento demográfico durante el periodo de conversión del paganismo al cristianismo**. La Iglesia católica enseñó a los habitantes de Escandinavia nuevas prácticas agrícolas y conocimientos sobre muchos temas, lo que fomentó la confianza en la Iglesia y su fe.

59. **Durante la época medieval, la legislación sueca se basaba principalmente en antiguas costumbres y tradiciones germánicas** recogidas en códigos legales provinciales llamados *Landskapslagar*.

60. A partir de 1274, **hubo intentos de crear un reino unificado con leyes comunes** utilizando el *Landskapslagar* y la Ley del rey Erik IX.

61. **Durante gran parte de la historia medieval sueca, la institución política más poderosa fue el** *Riksrådet* (Consejo Real), formado por representantes de cada provincia. El *Riksrådet* tenía una influencia significativa en la política exterior y el fisco.

62. **Durante este período, la Liga Hanseática, una alianza de gremios mercantiles con sede en las costas europeas del mar del Norte y el Báltico**, con sus centros más importantes en la actual Alemania, desempeñó un papel importante en el crecimiento económico de Suecia.

63. **La Liga Hanseática también se involucró en la política sueca**, influyendo en la elección de reyes y obteniendo privilegios en algunas regiones como Gotland, Kalmar y Visby.

64. **En el siglo XIII hubo frecuentes brotes de peste. Una grave enfermedad, conocida como la peste negra**, causó un importante descenso de la población de Suecia y de toda Europa.

65. **Entre el 1050 y el 1520 se fundaron varios monasterios**. En ellos se impartía educación a niños y niñas que, de otro modo, no habrían tenido acceso a ella debido a su estatus socioeconómico.

66. **La primera universidad de Suecia fue la de Uppsala**, fundada en 1477. La Universidad de Upsala sigue funcionando en la actualidad.

67. **Durante la Edad Media, la mayoría de los suecos no viajaba muy lejos de su casa**. Solo los nobles y los comerciantes ricos podían permitirse un caballo, por no hablar de un carro o un carruaje.

68. **Durante este periodo aparecieron las primeras formas de bancos**. Se introdujo un sistema conocido como *sänkförsäljning*, que permitía a los comerciantes vender sus mercancías a crédito.

69. **La lengua sueca seguía siendo muy influenciada por el nórdico antiguo en esta época**, aunque varias palabras fueron sustituidas debido al contacto con otras lenguas, como el alemán y el latín.

70. **Suecia sufrió varias guerras durante el periodo medieval, entre ellas la rebelión de Engelbrekt contra el rey danés de Suecia** en 1434/35. El pueblo se rebeló contra los duros impuestos y el estricto gobierno del rey. Esta rebelión allanó el camino para la guerra de Independencia sueca, en la década de 1520.

71. **Durante la Edad Media, las guerras entre provincias rivales eran habituales**. Además, Suecia participó a menudo en guerras contra otros países, como Dinamarca, Rusia y Noruega.

72. **En la Suecia medieval se produjo un aumento de la tasa de alfabetización debido a un mayor acceso a la educación.**

73. **Las mujeres desempeñaron un papel activo en la sociedad durante este periodo a través de su participación en el comercio y la propiedad de negocios.** Aunque se esperaba que las mujeres de clase alta se mantuvieran al margen de la vida pública, a menudo desempeñaban papeles importantes en la política detrás de bastidores.

74. Entre 1350 y 1520, **tuvo lugar la construcción de grandes estructuras, como iglesias, castillos y fortificaciones.**

75. **De esta época se conservan numerosas obras, como las pinturas murales de la catedral de Västerås**, que datan de 1490, y las esculturas de la catedral de Linköping, construida entre 1360 y 1400.

76. **El manuscrito escrito en sueco más antiguo que se conserva data de alrededor de 1320 y se llama *Crónica de Eric*** (*Erikskrönikan* en sueco). Esta obra histórica y legendaria narra la historia de Suecia, desde sus primeros reyes hasta la época del autor. Abarca relatos históricos y narraciones legendarias o mitológicas.

77. **La pesca fue una actividad importante durante este período** y muchas personas dependían de ella para subsistir y comerciar, especialmente a lo largo de la costa del Báltico, donde la pesca comercial de arenque a gran escala se estableció alrededor de 1250 d. C.

78. **La literatura medieval sueca se centraba principalmente en temas religiosos**, aunque hacia finales del siglo XV empezaron a surgir narraciones seculares.

79. **Durante la Edad Media, la aparición de monedas suecas estuvo muy influenciada por las monedas alemanas y holandesas** utilizadas en el comercio de todo el norte de Europa.

80. Al igual que los vikingos, **los suecos medievales utilizaban diversas monedas**, incluidas algunas extranjeras. El uso de monedas de oro se limitaba a la realeza y la nobleza.

81. **La principal forma de entretenimiento de la época era la música folclórica tradicional. En Suecia**, la música folclórica es rica y diversa, con varios estilos regionales y un vasto repertorio de melodías y canciones tradicionales. También era popular la música religiosa, sobre todo en la corte y en los días festivos.

82. **Tras la cristianización, en la Suecia medieval se introdujeron nuevas fiestas religiosas**, como la Navidad y la Pascua. Estas se celebraban según tradiciones paganas, como *Yule* o *Valborgsmässoafton* (la noche de Walpurgis).

83. **La Universidad de Upsala**, la más antigua de Suecia, se fundó durante este periodo, en 1477.

84. En 1527 **comenzó en Suecia la Reforma Protestante**, que supuso un alejamiento del catolicismo tradicional. **La Reforma propició el aumento de la alfabetización** y la difusión del conocimiento en toda la sociedad gracias a la publicación de la Biblia en sueco por parte de los líderes protestantes.

85. **La caza de brujas se hizo más común durante este período**, en el que muchas personas, especialmente mujeres, fueron acusadas o juzgadas por brujería. **La brujería, en el sentido medieval escandinavo**, se refería a personas que practicaban antiguas costumbres paganas o profesaban la creencia en antiguos dioses. Algunos sufrieron incluso condenas a muerte por superstición y falta de comprensión de fenómenos naturales, como las enfermedades.

# La Unión de Kalmar
## (1397-1523)

Este capítulo explora **la historia de la Unión de Kalmar**, que duró entre el 1397 y el 1523. Se habla de **cómo se formó esta unión, sus figuras, sus acontecimientos clave** y sus efectos duraderos en la Europa moderna actual.

86. **La Unión de Kalmar fue una unión entre tres reinos: Dinamarca, Noruega y Suecia**.

87. **La Unión de Kalmar comenzó en 1397, después de que Margarita I de Dinamarca se casara con Haakon VI de Noruega.** Haakon murió en 1380 y Margarita se convirtió en la gobernante de los tres países.

88. **El reinado de Margarita se vio perturbado por la aparición de un impostor que decía ser su hijo Olaf**, que supuestamente había sido envenenado por agentes de la Liga Hanseática de comerciantes alemanes.

89. **El escándalo del falso Olaf sacudió durante un tiempo la Unión de Kalmar, ya que tenía un gran parecido con el príncipe muerto.** Fue ejecutado en 1402 por intentar usurpar el trono.

90. **La actual reina de Dinamarca eligió el nombre de Margarita** en su coronación como homenaje a esta reina influyente, pero muy olvidada. Es reina desde 1972.

91. **La unión duró, al menos nominalmente, 126 años.** Terminó en 1559 con la muerte del rey Cristián II.

92. **Durante este periodo, los habitantes de cada país hablaban idiomas diferentes, principalmente danés, noruego y sueco.**

93. En 1440, **Cristóbal de Baviera se convirtió en rey de Dinamarca.** Sin embargo, no heredó Noruega y Suecia.

94. En 1441, **Cristóbal de Baviera se convirtió en rey de Suecia.** Al morir sin heredero directo, Carlos VIII fue elegido rey. Se convirtió también en rey de Dinamarca un año más tarde.

95. Aunque **Dinamarca, Suecia y Noruega formaban parte de la Unión de Kalmar**, los tres eran países jurídicamente separados y no siempre compartían gobernante.

96. **El principal objetivo de la Unión de Kalmar era mantener la paz entre los tres países** y defenderlos de enemigos extranjeros, como la Liga Hanseática, Rusia y los Caballeros Teutónicos.

97. **La Unión de Kalmar permitió un mayor comercio entre las naciones escandinavas**, lo que aumentó su riqueza y poder.

98. En 1520, **Cristián II de Dinamarca se autoproclamó «rey de toda Escandinavia» tras ser elegido por la nobleza**, pero esta decisión causó mucha controversia, ya que amenazaba con disolver la independencia de cada país dentro de la unión.

99. **Cristián y muchos nobles suecos**, que estaban a su favor o en su contra, libraron una guerra civil en Suecia. Él respondió con una masacre conocida como el Baño de Sangre de Estocolmo.

100. **Cristián II fue derrocado por quien sería Federico I de Dinamarca**. Federico se alió con el noble sueco más poderoso, Gustavo Vasa, que se convirtió en el primer rey de una Suecia unificada, en 1523.

101. **La unión se disolvió finalmente en 1523, cuando Gustavo I Vasa se convirtió en rey de Suecia** y la separó de Dinamarca y Noruega.

102. **La Unión de Kalmar es uno de los primeros ejemplos de gobierno unificado** y allanó el camino para otras alianzas de este tipo, como la Unión Europea.

103. Durante su duración, **la Unión de Kalmar creó lazos culturales que aún perduran**. Los suecos adoptaron muchas palabras danesas en su lengua, mientras que varios noruegos y suecos utilizan algunos dialectos del noruego antiguo para comunicarse entre sí.

104. **La influencia de la Unión de Kalmar se extendió más allá de Europa**. Varios exploradores patrocinados por Cristián I zarparon en 1480 en busca de nuevas tierras.

105. **Uno de los exploradores más famosos patrocinados por él fue Didrik Pining**. Pining era un explorador alemán al que el rey encargó encontrar una nueva ruta hacia Asia. Pining navegó hasta Groenlandia en 1472 y es posible que incluso llegara a la Norteamérica continental.

# Fin del dominio danés
## (1660)

**Aunque hoy son países separados, Dinamarca y Suecia fueron uno** hasta 1523. Sin embargo, **Dinamarca mantuvo el control de gran parte del sur de Suecia** hasta 1660. Esta sección examina esta relación después de **la Unión de Kalmar** y la posterior liberación de los suecos.

106. **Dinamarca controló el sur de Suecia durante más de un siglo después de que Gustavo Vasa se convirtiera en rey.**

107. **Cristián IV estableció un ejército permanente** en 1614 e introdujo impuestos regulares sobre la tierra, la renta y el alcohol. **Algunas de las leyes y reformas de los reyes daneses causaron resentimiento entre los suecos del sur**, que seguían bajo control danés.

108. **El rey Federico III llevó a cabo iniciativas de política exterior como la guerra contra Suecia**, de 1643 a 1645, y la formación de alianzas con Inglaterra y Holanda.

109. **En este periodo se produjeron muchos avances notables** en las técnicas agrícolas, como los sistemas de rotación de cultivos y el uso de fertilizantes. **También hubo avances en la arquitectura**, como los edificios de estilo barroco, y se desarrollaron escuelas y universidades.

110. **El conflicto danés con Suecia se desarrolló en cuatro fases: la guerra de los Siete Años del Norte** (1563-1570), **la guerra de Kalmar** (1611-1613), **la guerra danesa-sueca** (1658-1660) y **la guerra de Escania** (1675-1679).

111. **El Tratado de Roskilde, de 1658, cedió territorios daneses a Suecia**, aunque no detuvo los combates.

112. En 1659, **Suecia atacó Copenhague, capital de Dinamarca-Noruega**. Los daneses, con la ayuda de los holandeses, salieron victoriosos.

113. **Durante los numerosos conflictos de este período, hubo una afluencia de comerciantes holandeses y alemanes a ciudades suecas como Malmö y Estocolmo**, lo que aumentó las oportunidades de comercio internacional para la economía de Suecia.

114. **Los daneses fueron finalmente expulsados del sur de Suecia en 1660 tras la guerra danesa-sueca.**

115. **Con el fin de la dominación danesa, Suecia se convirtió en un país totalmente independiente.** En el siglo XVII era considerada una de las mayores potencias de Europa.

# La Reforma Protestante en Suecia
## (1527-1660)

**La Reforma Protestante en Suecia fue una época crucial para el país y el curso de la historia sueca.** En este capítulo, se exploran datos interesantes sobre este trascendental acontecimiento y su influencia en la religión, la política, la cultura y mucho más.

116. **La Reforma Protestante en Suecia comenzó en 1527, después de que el rey Gustavo Vasa** hubiera tomado el control del país en 1523.

117. **Fue parte de un movimiento general** que influyó en toda Europa durante este período de tiempo.

118. **La principal figura detrás de la Reforma sueca fue Olaus Petri** (1493-1552), **un sacerdote nacido en Alemania que introdujo en Suecia las enseñanzas luteranas aprendidas en Alemania y Dinamarca** después de que la Reforma se hubiera iniciado en Alemania en 1517.

119. **Petri ayudó a traducir la Biblia al sueco. Esta Biblia se llama la** *Biblia de Gustavo Vasa*.

120. **El hermano de Olaus, Laurentius (1499-1573), también difundió el luteranismo por Suecia** con sus escritos. Inspiró a muchos suecos a convertirse al protestantismo.

121. En 1544, **bajo el liderazgo de Gustavo Vasa, Suecia hizo del luteranismo su religión oficial.** Durante muchos años, los católicos en Suecia fueron perseguidos, obligados a convertirse y a rendir culto en la clandestinidad.

122. En 1617, **el rey Gustavo II Adolfo adoptó de Alemania el** *Catecismo de Heidelberg*. Aún **hoy en día** es uno de los principales documentos para guiar la **creencia luterana en Suecia**.

123. **La Reforma también trajo cambios en la educación.** Se crearon más universidades para el estudio de la teología y la literatura.

124. **Se crearon hospitales, orfanatos y escuelas** para ayudar a los más desfavorecidos.

125. **En las iglesias de toda Suecia se exhibía arte religioso**, aunque las pinturas religiosas de esta época hacían hincapié en historias de la Biblia, **no en imágenes de santos y papas**, populares en la Europa católica.

126. **La Reforma condujo finalmente a una mayor libertad**, permitiendo rendir culto libremente sin temor a la persecución de sus pares o líderes, aunque fue un proceso lento y paulatino.

127. **Se cree que antes de esta época, la mayoría de los suecos eran católicos**. Muy pocos seguían siéndolo a finales de 1660, año que se considera el final de la Reforma sueca.

128. **Durante este periodo, las mujeres obtuvieron más derechos en la vida pública, pero los cambios en la religión afectaron el papel de las mujeres en la iglesia**. Por ejemplo, se abolieron las abadías, lo que puso fin al papel de muchas mujeres como monjas.

129. **En 1958, Suecia fue uno de los primeros países luteranos en permitir pastoras**.

130. **Las iglesias luteranas comenzaron a aparecer por toda Suecia, sustituyendo a las católicas** y convirtiéndose en parte del paisaje. Muchas de ellas siguen en pie como testimonio de esta influyente época de la historia de Suecia.

131. **En todo el norte y centro de Europa, incluida Escandinavia, las reformas y el aumento de la alfabetización influyeron en la revolución científica**, dando lugar a inventos como relojes, nuevas formas de agricultura y mejores técnicas de navegación.

132. Durante esta época, **Suecia desarrolló una fuerte industria marítima que le permitió convertirse en una potencia naval en los mares Báltico y del Norte**; esto se debió en parte a **las reformas navales del rey Gustavo II Adolfo** (1611-1632).

133. **El luteranismo contribuyó al avance de la alfabetización en toda Suecia**, animando a la gente a leer y escribir para estudiar las escrituras por sí mismos.

134. **Los valores protestantes fueron adoptados por la sociedad sueca durante este período**, especialmente una fuerte ética del trabajo, el ahorro y la autosuficiencia, cualidades necesarias para el éxito marítimo o terrestre.

135. **En esta época se animaba a la gente a pensar de forma independiente y a tomar sus propias decisiones sobre cuestiones religiosas**. Este fue un factor clave para que el luteranismo se hiciera tan popular.

# Auge y caída del Imperio sueco
## (1611-1721)

**El Imperio sueco fue una de las fuerzas más influyentes y poderosas de la Europa moderna.** Este capítulo explora la fascinante historia de este imperio, desde su ascenso hasta su caída.

136. **El Imperio sueco comenzó en 1611 cuando el rey Gustavo II Adolfo se convirtió en gobernante**.

137. Durante este período, **Suecia fue uno de los países más poderosos de Europa.** Tenía un gran territorio e influenciaba a otros países cercanos.

138. En 1721, **el Imperio sueco incluía partes de la actual Noruega, Finlandia, Estonia, Letonia, Rusia y Alemania**.

139. **Durante el gobierno del rey Gustavo II Adolfo** (1611-1632), **aumentó el poder y el tamaño de las fuerzas militares suecas,** lo que ayudó a expandir rápidamente las fronteras del imperio a través de conquistas o alianzas con otras naciones.

140. **El rey Carlos XII dirigió una agresiva política exterior durante su reinado, entre 1697 y 1718. Invadió Rusia,** lo que terminó por provocar su caída debido a malas decisiones estratégicas, que se tradujeron en grandes pérdidas para las fuerzas suecas frente a Rusia y otros enemigos.

141. **El ejército ruso era mucho mayor que el sueco** y el mar ruso era difícil de navegar. Carlos XII fue finalmente derrotado en **la batalla de Poltava**, en 1709, y se vio obligado a huir a Turquía.

142. **Carlos XII permaneció en Turquía durante varios años y se negó a firmar la paz con Rusia.** Esto permitió a Rusia reagruparse y lanzar una contraofensiva. Cuando **Carlos XII regresó a Suecia, en 1718**, el imperio ya estaba en declive.

143. **La economía sueca dependía en gran medida del comercio exterior y se vio afectada por la guerra,** el hambre y la peste de finales del siglo XVII, lo que provocó un descenso de la población y del poder militar, al menos en comparación con otras naciones europeas de la época.

144. En 1648, **Suecia fue uno de los firmantes de la Paz de Westfalia, el tratado que puso fin a la guerra de los Treinta Años.**

145. **El declive de Suecia fue causado en parte por la gran guerra del Norte**, que duró de 1700 a 1721 y **enfrentó a Suecia con una coalición liderada por Rusia, Dinamarca-Noruega y Sajonia.** Este conflicto supuso el declive del poder de Suecia y la pérdida de muchos territorios, como **Estonia, Letonia y partes de Alemania, como Pomerania.**

146. **Cuando el rey Carlos XII murió** mientras luchaba contra Noruega, hubo una crisis de sucesión, ya que nadie fue elegido claramente por los nobles que gobernaban Suecia.

147. **Tras la muerte del rey Carlos XII, en 1718, siguió el período conocido como la edad de la libertad.** Ningún monarca gobernaba Suecia. En su lugar, la nación era gobernada por un **sistema parlamentario llamado *Riksdag***, que contaba con representantes de todas las clases.

148. **El Imperio sueco sobrevivió a varias guerras a lo largo de su existencia, incluyendo la guerra de los Treinta Años** (1618-1648) **y la gran guerra del Norte** (1700-1721). **El Tratado de Nystad puso fin a la gran guerra del Norte** y acabó con el poder del Imperio sueco.

149. **El Imperio sueco era un actor importante en la política europea** y tenía alianzas con Inglaterra, Francia y los Países Bajos. Su principal rival durante este periodo fue Dinamarca-Noruega, que también quería expandir su influencia.

150. **El ejército sueco dependía en gran medida del reclutamiento de hombres de todas las clases sociales.**

151. En el mar, **el Imperio sueco contaba con una de las mayores flotas que operaban en Europa d**ebido a su gran industria de marina mercante.

152. **La economía sueca creció significativamente durante esta época**, principalmente a través del comercio exterior. **Suecia exportaba madera y hierro**; estos recursos le permitieron hacerse más poderosa militarmente en comparación con países vecinos como Rusia o Prusia, que no tenían acceso a estos materiales.

153. **Durante su apogeo, hacia 1658, Suecia era el tercer país más grande de Europa después de Rusia y España.**

154. **El fin del Imperio sueco marcó un nuevo** comienzo para el desarrollo de **Suecia** hasta que se convirtió en la nación moderna que conocemos hoy en día, con instituciones democráticas, **una economía fuerte basada en las exportaciones** y un estado de bienestar que proporciona igualdad de oportunidades a las personas que viven allí.

155. **Suecia fue uno de los primeros países europeos en abolir la servidumbre** en 1810, lo que significó que los campesinos que trabajaban en fincas de aristócratas ya no tenían ninguna obligación hacia ellos y podían vivir libremente como cualquier otra persona. **Esto aumentó significativamente la movilidad social** en comparación con el pasado, cuando la vida de las personas era determinada por su clase social.

# La reina Cristina
## (1626-1689)

**Cristina de Suecia fue una figura brillante y controvertida que reinó desde 1632 hasta 1654.** Fue la primera monarca femenina de Suecia y una de las mujeres más cultas de su época. A continuación, algunos datos interesantes sobre esta influyente soberana.

156. **Cristina nació** el 18 de **diciembre** de 1626 en el palacio real de Estocolmo (Suecia). Era hija única del **rey Gustavo II Adolfo y de la reina María Eleonora.**

157. **Fue educada como los varones de la realeza,** por lo que aprendió a cazar y a disparar.

158. **Cristina fue coronada reina a los seis años, tras la muerte de su padre en combate en 1632.** Fue la primera mujer monarca de Suecia.

159. **Cristina tenía la costumbre de llevar pantalones y trajes masculinos** en una época en la que eso estaba estrictamente prohibido para la mayoría de las mujeres.

160. **Algunos creían que era lesbiana.** Los historiadores creen que, al menos durante un tiempo, Cristina estuvo enamorada de otra mujer.

161. **Cristina era una mujer brillante y culta.** Hablaba varios idiomas, entre ellos latín, griego y francés. También fue mecenas de las artes y las ciencias.

162. En 1654, **Cristina abdicó del trono sueco y se convirtió al catolicismo.** Se trasladó a Roma, donde vivió el resto de su vida.

163. **Aunque al principio muchos creyeron que se había convertido al catolicismo** para ser más piadosa, en Roma era famosa por sus fiestas y sus gastos suntuosos.

164. **Cristina murió el 19 de abril de 1689, a la edad de sesenta y dos años.** Fue enterrada en la basílica de San Pedro de Roma.

165. **La reina Cristina inspiró muchos libros, óperas, obras de teatro y películas.** La película de 1933 *La reina Cristina*, protagonizada por Greta Garbo, es un relato ficticio de su vida. **La ópera de Jacopo Foroni,** *Cristina, regina di Svezia*, está basada en su abdicación al trono.

# La época de la Libertad
## (1718-1772)

Este capítulo explora la notable época de la libertad en Suecia. Se examinan hechos notables **de esta época y cómo configuró la cultura, la política y la sociedad sueca.** Desde el desarrollo de una **libertad de expresión** sin precedentes hasta las nuevas políticas económicas que transformaron la industria, se revela por qué esta época fue tan significativa en la historia de Suecia.

166. **La época de la libertad empezó después de la gran guerra del Norte,** que terminó en 1721.

167. Tras **la muerte del rey Carlos XII, en 1718, ningún gobernante logró el control total del país durante 54 años.**

168. Durante este período, **se promulgaron reformas que otorgaron a los comerciantes y campesinos más derechos** e influencias.

169. **Durante este periodo existían cuatro «estamentos» o clases: el clero, la nobleza, los burgueses** (comerciantes) y **los campesinos** (agricultores).

170. **El clero y la nobleza tenían más poder que los burgueses y los campesinos** y ejercían una gran influencia sobre ellos. Sin embargo, los cuatro estamentos tenían que ponerse de acuerdo sobre las leyes antes de que fueran aprobadas. Esto significaba que los campesinos tenían voz y voto en el gobierno, a pesar de ser el estamento más bajo.

171. **Durante la época de la libertad, Anders Celsius, astrónomo y físico sueco, desarrolló la escala de temperatura Celsius,** que aún se utiliza hoy en día. También hizo importantes contribuciones al estudio de **la óptica y la astronomía.**

172. **Carl Linnaeus** (1707-1778), **botánico sueco, desarrolló el sistema de nomenclatura binomial para clasificar los organismos.** Se le considera el padre de la taxonomía moderna.

173. **Ulrika Pasch** (1735-1796), **artista sueca,** fue la primera mujer admitida **en la Real Academia Sueca de las Artes.** Su hermano también era miembro, pero él, como todos los integrantes masculinos, recibía un sueldo. Ella no.

174. **Eve Ekeblad, agrónoma que desarrolló un método para crear harina a partir de la papa,** fue la primera mujer de la Academia Sueca de las Ciencias.

175. **Ekeblad también desarrolló un método más nuevo, rápido y eficaz para destilar alcohol a partir de la papa.** Contribuyó a mejorar la producción de vodka.

176. **Christopher Polhem (1661-1751) realizó importantes contribuciones en los campos de la ingeniería, la mecánica y la minería.**

177. **El primer periódico de Suecia se publicó en 1645,** lo que permitió a la gente conocer las noticias de todo el país y, ocasionalmente, las de otras partes de Europa y del mundo

178. **El comercio aumentó significativamente entre Suecia y naciones como Inglaterra, España, Francia y Portugal.**

179. **La economía mejoró con nuevas industrias como la minería, la siderurgia** y otros negocios manufactureros que empezaron a desarrollarse en Suecia.

180. **Durante la época de la libertad,** en 1753, Suecia vio su primera máquina de vapor. Se utilizaba para bombear agua de las minas.

181. **El arte floreció durante este periodo.** Los retratos se hicieron populares entre los ricos y se construyeron varios edificios grandiosos en las ciudades.

182. **Carl Gustaf Pilo (1711-1793) fue uno de los principales artistas de la época de la libertad.** Introdujo el estilo rococó y pintó a muchos personajes poderosos.

183. **El famoso compositor Carl Michael Bellman (1740-1795)** escribió varias canciones sobre la bebida durante esta época. Estas canciones siguen siendo muy populares hoy en día.

184. **El rey Gustavo III restauró la monarquía absoluta en 1772, derrocando al Parlamento con un golpe de estado, lo que puso fin a la época de la libertad.**

185. **La época de la libertad fue una parte fundamental de la historia de Suecia,** ya que sentó las bases para la modernización y el crecimiento del país.

# El golpe de estado y el gobierno de Gustavo III
## (1772-1792)

**Este capítulo se adentra en la fascinante historia del reinado de Gustavo III**, explorando datos interesantes sobre el golpe y analizando las consecuencias de este acontecimiento crucial.

186. **En agosto de 1772, Gustavo III dio un golpe de estado que arrebató el poder al** *Riksdag* (Parlamento) **de Estocolmo.**

187. **El golpe fue planeado en secreto con la ayuda de aliados extranjeros** y de sus amigos más cercanos en la corte.

188. **Su reinado es conocido como la era gustaviana en Suecia porque introdujo muchas reformas que mejoraron notablemente la vida** durante este periodo, incluyendo la abolición de ciertas penas capitales, el establecimiento de la libertad de expresión y de prensa (siempre que no cuestionara su gobierno), la reforma de las leyes fiscales y la creación de nuevas universidades en todo el país.

189. **También redujo la deuda nacional en dos tercios, al tiempo que aumentaba las pensiones de los soldados retirados y de las familias** que perdían familiares a causa de la guerra o de enfermedades provocadas por la pobreza.

190. De 1772 a 1788, **Gustavo se alió con Rusia y su emperatriz, Catalina la Grande.**

191. **Cuando la alianza se rompió, en 1788, Suecia y Rusia** entraron en una guerra que terminó en 1790 y cuyo resultado no cambió las fronteras de los dos países.

192. **Gustavo impulsó la industria sueca fomentando y apoyando la construcción de fábricas para comerciar** con otros países de Europa y América.

193. **Una de las reformas de Gustavo fue la abolición de los gremios.** Los gremios eran organizaciones de comerciantes y artesanos que tenían el monopolio de determinados oficios. **Gustavo III creía que la abolición de los gremios liberaba el mercado** y permitía una mayor competencia.

194. **Gustavo III abolió la mayoría de aranceles y restricciones al comercio**. Esto facilitó a las empresas suecas la exportación de sus productos y la importación de materias primas.

195. **Gustavo III invitó a los inversores extranjeros a instalarse en Suecia**. Para ello, les ofreció exenciones fiscales y otros incentivos.

196. **Gustavo III fue un gran mecenas de las artes y la literatura**. Creó la Real Academia de Bellas Artes, que aún existe.

197. **Las reformas de Gustavo III provocaron tensiones con algunos miembros de la nobleza que no estaban de acuerdo**, lo que condujo a su asesinato en 1792. Asistía a un baile de máscaras en la Ópera Real de Estocolmo cuando le dispararon.

198. **El golpe de estado de Gustavo III es importante** porque le permitió tener más poder que ningún otro rey anterior, permitiendo reformas más notables y rápidas que mejoraron la vida en Suecia.

199. **Gustavo III solo tuvo un hijo: Gustavo IV Adolfo. Gustavo IV Adolfo fue depuesto** en 1809 y exiliado de Suecia. Nunca tuvo hijos, por lo que **el trono pasó a su tío, Carlos XIII.**

200. **Carlos XIII no tenía hijos, así que adoptó a Jean-Baptiste Bernadotte, un general francés** que había luchado para **Napoleón Bonaparte**. Bernadotte se convirtió en el **rey Carlos XIV Juan de Suecia en 1818.**

201. **El reinado de Gustavo III se conoce a menudo como la ilustración sueca**, debido a su promoción de las actividades intelectuales y culturales.

202. **El golpe de estado de Gustavo se considera un punto de inflexión en la historia de Suecia** porque marcó un período de notable progreso para el país en comparación con las monarquías absolutas anteriores que habían restringido la libertad y las reformas.

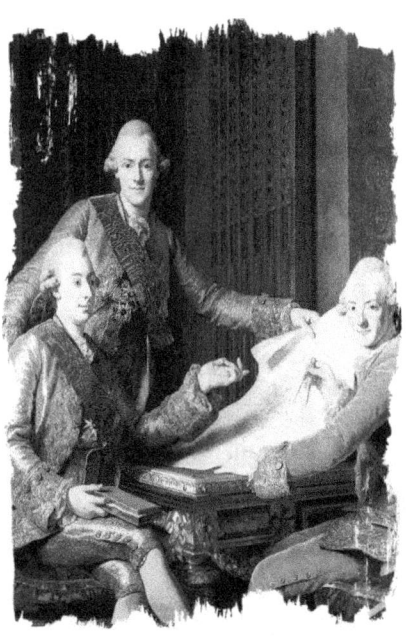

203. **El golpe es recordado en obras de arte, libros** y obras de teatro sobre este periodo, que pasaron a formar parte de la cultura sueca.

204. **El legado de la época de Gustavo III puede verse aún hoy** en muchas instituciones, como la Real Academia de Bellas Artes.

205. **Este acontecimiento también inspiró a otros países a implementar cambios políticos similares durante sus revoluciones.**

# Reformas y cambios políticos en Suecia
## (1792-1809)

Este capítulo explora las intrigantes reformas y cambios políticos que tuvieron lugar en Suecia entre 1792 y 1809. Profundiza en hechos notables de la sociedad sueca durante este periodo, incluyendo sus éxitos y fracasos en política, cultura, economía y vida cotidiana.

206. **En 1792, Suecia pasó de ser una monarquía absoluta a una monarquía constitucional.** Bajo la monarquía constitucional, el rey tenía menos poder.

207. **Aunque Gustavo III había comenzado su reinado como un monarca ilustrado**, se volvió cada vez más autocrático.

208. **Gustavo III fue asesinado en 1792 por un militar descontento,** pero muchos suecos ya estaban hartos de la monarquía absoluta.

209. **En 1798, Suecia abolió las leyes de censura que habían impuesto los reyes anteriores**, lo que permitió una mayor libertad de expresión en el país.

210. **La nueva constitución, *llamada Instrumento de Gobierno de 1809*,** estableció los principios de libertad de expresión y libertad de prensa en Suecia.

211. **Los ciudadanos tenían más derechos que antes**, incluida la libertad de reunirse sin permiso de las autoridades.

212. El *Instrumento de Gobierno* de 1809 **fue sustituido por el *Instrumento de Gobierno de 1974*,** que garantizaba la democracia y los derechos del pueblo.

213. **La igualdad ante la ley pasó a formar parte de la sociedad sueca en 1809.** Todas las personas eran iguales, independientemente de su clase o sexo, excepto en lo relativo al derecho al voto; en aquella época solo podían votar los hombres. Aunque **todas las personas eran iguales ante la ley,** pasaron muchos años antes de que esto se convirtiera en un hecho real.

214. **En 1798 se introdujo un moderno sistema impositivo**, que incluía impuestos sobre el tabaco y el alcohol, lo que ayudó a pagar la deuda estatal más rápidamente.

215. **El sistema bancario sueco fue reformado y modernizado en 1798**, lo que estimuló el crecimiento económico.

216. **Durante este periodo, hubo grandes avances en la educación del campo**, especialmente en lo que respecta a la agricultura y la ganadería, lo que llevó a unas mejores condiciones alimentarias y a un aumento de la población.

217. **Aunque la pena de muerte estuvo en vigor en Suecia hasta 1910, la tortura como medio legal de investigación criminal se detuvo oficialmente en 1772.** Muchos otros países europeos seguían utilizando la tortura a finales del siglo XVIII.

218. **Además de esto, el rey perdió poder sobre el gobierno al renunciar a su derecho a nombrar ministros directamente**, permitiendo que fueran nombrados por el Parlamento mediante votación mayoritaria.

219. **Todos los hombres propietarios mayores de veinticinco años tenían derecho al voto** en 1809, con la salvedad de que los no nobles no podían votar para la cámara principal del *Riksdag*.

220. **El sufragio universal** (igualdad de derechos de voto para todos los ciudadanos) **se introdujo en 1921, concediendo el derecho de voto a las mujeres.**

221. **El *Riksdag* se hizo más poderoso, lo que le permitió controlar las leyes fiscales y el gasto militar** sin necesidad del permiso o la supervisión del rey.

222. **Los trabajadores obtuvieron mejores condiciones laborales**. Trabajaban menos horas a la semana y las nuevas normativas los protegían de la explotación y de prácticas laborales peligrosas, como el trabajo infantil.

223. **Las reformas no eliminaron por completo la explotación de los trabajadores**. El trabajo infantil sigue existiendo y muchos trabajadores aún hoy trabajan en condiciones peligrosas.

224. **En 1812 se aprobó una ley para introducir la conscripción** (reclutamiento de ciudadanos para el servicio militar), pero solo se aplicaba a los hombres de entre veinte y veintisiete años que tuvieran suficiente dinero para pagar sus uniformes y el equipo. Esto significaba que los pobres quedaban excluidos del servicio militar, lo que no suele suceder.

225. **En 1789 se creó el Tribunal Supremo (*Högsta domstolen*)**, que permitía a los ciudadanos apelar si consideraban que no se había hecho justicia en los tribunales inferiores.

# Las guerras napoleónicas
## (1803-1815)

Este capítulo explora **la historia de Suecia y cómo se vio afectada por las guerras napoleónicas.** Desde **las batallas navales con Gran Bretaña** hasta las relaciones diplomáticas con Francia, se repasan datos interesantes sobre uno de los períodos más importantes de la historia sueca.

226. **Las guerras napoleónicas fueron una serie de guerras libradas entre Francia y varios países europeos entre 1803 y 1815.**

227. **Suecia formó parte de coaliciones contra Francia entre 1803 y 1807,** y de nuevo después en 1813.

228. **En 1806, las tropas suecas lucharon junto a las fuerzas rusas en Prusia,** forzando al ejército de Napoleón a salir de Berlín y derrotándolo en Jena-Auerstedt. Sin embargo, las fuerzas de la coalición fueron incapaces de capitalizar su victoria.

229. **Napoleón reagrupó sus fuerzas y derrotó a la coalición en la batalla de Friedland, en junio de 1809.** Esto obligó a la coalición a rendirse, y Suecia se vio obligada a ceder Finlandia a Rusia debido a un complicado cambio de alianzas.

230. **Tras el asesinato de Gustavo IV Adolfo, Carlos XIII se convirtió en rey. Suecia** se convirtió en un aliado importante de la Francia napoleónica.

231. **Los suecos participaron en la derrota de Napoleón en Leipzig** (1813). Diez mil soldados suecos se unieron a los duros combates contra 250.000 soldados franceses, que finalmente capitularon el 19 de octubre.

232. **Además de las batallas en tierra, en este conflicto se produjeron muchos enfrentamientos navales alrededor de Escandinavia,** con flotas británicas y francesas operando frente a las costas.

**233. Una flota combinada británica derrotó a los daneses y noruegos** dos veces en el mar, cerca de la capital danesa de Copenhague. El resultado fue que Dinamarca cedió Noruega a Suecia y tuvo que unirse a la alianza contra Napoleón.

**234. Durante este periodo, muchos suecos fueron reclutados para luchar por su país** en su territorio o en el extranjero, del lado de los ingleses. Sin embargo, algunos optaron por unirse a las fuerzas de Napoleón como mercenarios.

**235. La invasión francesa de Rusia en 1812 fue uno de los acontecimientos más perjudiciales para ambos bandos.** Murieron miles de personas y se produjeron grandes destrozos y trastornos económicos. Afectó a Suecia por su proximidad a Rusia.

**236. Muchos suecos famosos lucharon durante esta época, entre ellos el rey Carlos XIII, Carl Johan Adlercreutz** y el **«rey electo», el mariscal Jean Bernadotte**, que más tarde se convirtió en el rey Carlos XIV Juan de Suecia, en 1818.

**237. Quizás el comandante militar sueco más famoso fue Carl Johan Adlercreutz,** que luchó contra los rusos y contra los franceses. La victoria más famosa de Adlercreutz se produjo en **la batalla de Jutas en 1808.** Los suecos estaban en inferioridad numérica frente a **los rusos,** pero Adlercreutz fue capaz de superar a **las fuerzas rusas y hacerse con una victoria decisiva.** Este triunfo cambió el panorama de **la guerra de Finlandia a favor de Suecia.**

**238. Adlercreutz también desempeñó un papel clave en la batalla de Leipzig, en 1813.** Para entonces, **los suecos formaban parte de la Sexta Coalición,** que se oponía a Napoleón

**239. Las guerras napoleónicas tuvieron un notable impacto en la política y la sociedad suecas,** produciéndose muchas reformas a lo largo de este periodo, como la modernización de las fuerzas militares y el nombramiento de un nuevo rey. **Este nuevo rey era en realidad un francés, que había sido uno de los primeros partidarios y generales de Napoleón.**

240. **Cuando Jean Bernadotte se convirtió en rey, adoptó el nombre de Carlos XIV Juan e instituyó** la decisión de política exterior más importante de Suecia hasta 2023. Declaró que Suecia sería un país neutral y se mantendría al margen de las guerras de ultramar.

241. **La política de neutralidad de Suecia continuó hasta la invasión rusa de Ucrania en 2022,** cuando solicitó entrar en la OTAN. La política de neutralidad fue fundamental para los movimientos militares, políticos y económicos de Suecia durante más de doscientos años.

242. **Durante esta época se libraron dos grandes batallas en Finlandia, que era territorio sueco: la batalla de Jutas y la batalla de Sävar. Jutas fue una victoria sueca.** La batalla de Sävar supuso una derrota frente a Rusia.

243. **Muchos suecos perecieron durante este conflicto debido al hambre o las enfermedades asociadas a la guerra** durante largos periodos de tiempo en el extranjero o dentro de sus fronteras.

244. **La participación de Suecia en las guerras napoleónicas** dejó a la nación muy endeudada debido a sus gastos militares.

245. **Durante esta época, se produjo un aumento del patriotismo en Suecia**, ya que los ciudadanos se sentían parte de la liberación de Europa del dominio francés.

# Unión con Noruega
## (1814-1905)

**En este capítulo se explora la apasionante historia de la unión de Suecia con Noruega.** Se descubren hechos fascinantes sobre este periodo de la **historia sueca**, incluyendo su gestación y el impacto que tuvo en la política, la economía y la cultura.

246. **La unión se formó oficialmente en 1814 tras la primera derrota de Napoleón en las guerras napoleónicas.** El rey de Dinamarca-Noruega se vio obligado a ceder Noruega a Suecia, creando **el Reino unido de Suecia y Noruega.**

247. **La unión fue parcial, ya que los dos países compartían el mismo rey, pero tenían gobiernos separados.** El rey de Suecia era también el rey de Noruega y nombraba a un gobernador general para que le representara allí. Sin embargo, **Noruega tenía su propio parlamento,** sus propias leyes y su propia moneda.

248. **El rey Carlos XIII gobernó sobre ambas naciones durante este tiempo, un periodo conocido como *unionstiden* en sueco,** que significa «el tiempo de la unión». Sin embargo, en su mayor parte, Noruega dirigía sus propios asuntos.

249. **Durante este periodo, cada país tenía un gobierno responsable de los asuntos internos,** pero la política exterior permanecía bajo el control conjunto de los dos gobiernos junto al monarca, constituyéndose como una estructura de gobierno única en la época.

250. **La cooperación económica aumentó significativamente durante este periodo, especialmente en el sector bancario y comercial,** lo que permitió a Noruega integrarse más en el mercado europeo.

251. Aunque **los dos países mantuvieron parlamentos distintos,** ambos estuvieron representados en un parlamento conjunto a partir de 1891. **También compartían ministerios y organismos gubernamentales,** como la defensa y los asuntos exteriores.

252. **Este periodo fue una época de crecimiento económico, especialmente en Suecia.** El transporte marítimo, la banca, la madera y la minería lideraron el camino, ayudando a crear nuevos puestos de trabajo.

253. En 1889, **se estableció la independencia de Noruega de la unión, cuando el país adoptó su propia constitución separada de la de Suecia,** aunque seguía vinculada a través de un rey, una moneda común y una política exterior unida.

254. **La moneda noruega cambió de la corona danesa**, que se utilizaba antes de la unión con Suecia, **a la corona sueca** (o *kroner*) en 1875.

255. **La lengua noruega se hizo oficial en las instituciones públicas de Noruega**, sustituyendo al danés, que había sido la lengua del gobierno y el comercio durante la dominación danesa.

256. **Noruega se benefició de la unión, pues obtuvo acceso a los recursos y mercados suecos**, lo que permitió a los noruegos desarrollar su economía e industrias.

257. **Durante gran parte de la unión sueco-noruega**, los asuntos exteriores fueron la manzana de la discordia, ya que ambos países tenían intereses divergentes.

258. **La unión con Noruega fue vista por muchos nórdicos como una oportunidad para una mayor integración en la política europea**, al tiempo que les permitía una mayor libertad frente al control de Dinamarca.

259. **Como parte de los términos establecidos con la ayuda de Napoleón, Suecia entregó Finlandia a Rusia** en 1809 tras sufrir una derrota en la corta guerra finlandesa.

260. **La unión con Noruega permitió una mejor división del trabajo entre ambas naciones y posibilitó una explotación de los recursos más eficiente**, especialmente en el ámbito de la pesca y la producción maderera.

261. **Comenzaron a surgir tensiones entre Suecia y Noruega por diversas cuestiones**, como el tema fiscal. En 1905, la unión terminó y cada país volvió a ser independiente.

262. **Tras la disolución, en 1905, Noruega pasó a ser totalmente independiente,** aunque mantuvo estrechos lazos (sobre todo económicos) con Suecia.

263. **A pesar de compartir historia, algunas diferencias culturales entre suecos y noruegos** pueden apreciarse hoy en día en la lengua, la gastronomía y las costumbres.

264. **Aunque en principio no todos en Suecia y Noruega apoyaron la unión,** finalmente constituyó un paso necesario para lograr una mayor cooperación entre ambas naciones y, en última instancia, las hizo más fuertes.

265. **Hoy en día, este periodo es recordado por muchos suecos y noruegos**, especialmente dentro de la literatura y la cultura popular.

# La nueva era de la política sueca
## (1905-1914)

**Este capítulo explora el complejo panorama político de Suecia durante el periodo comprendido entre 1905 y 1914.** Se examinan hechos interesantes de esta época, incluyendo los cambios en la política por los cambios sociales y económicos y los acontecimientos internacionales en Europa.

266. **La nueva era de la política sueca comenzó con la creación de nuevas normas electorales** en 1905. A partir de 1909, todos los hombres mayores de veinticinco años podían votar y se permitió a las mujeres votar en las elecciones locales (no lo hicieron en las elecciones nacionales hasta 1921).

267. **Durante esta época, Suecia fue testigo de muchos cambios en el gobierno**, con diferentes partidos controlando el Parlamento en varias ocasiones y múltiples primeros ministros.

268. **Las mujeres comenzaron a influir en la vida política de Suecia durante esta época.** Desde entonces, las suecas han desempeñado un gran papel político en el país. En 2021, Magdalena Andersson se convirtió en la primera mujer en ser primer ministro de Suecia.

269. **El partido político de más éxito durante esta época fue el Partido Liberal**, que ganó cuatro de las cinco elecciones celebradas entre 1910 y 1914. **Karl Staaff se convirtió en primer ministro** en 1905 y de nuevo en 1911.

270. En 1906, **una nueva ley otorgó a los trabajadores el derecho a formar sindicatos y a negociar colectivamente**, lo que mejoró las condiciones laborales en toda Suecia.

271. En 1919, **Suecia se convirtió en uno de los primeros países europeos en introducir la jornada laboral de ocho horas para todos los empleados.**

272. **Esta nueva era de la política sueca también fue testigo del auge de la ciencia y la tecnología,** con la creación de muchas industrias nuevas y el aumento de la inversión en educación.

273. **Suecia hizo su transición a la electricidad durante este período**, que comenzó a traer comodidades modernas, como estufas eléctricas, lavadoras y automóviles, a los hogares de todo el país, aunque fue un proceso lento, especialmente en el campo.

274. **Esta era terminó con el estallido de la Primera Guerra Mundial en 1914**, que llevó a la mayoría de los países a dejar de centrarse en cuestiones domésticas.

275. **Esta era de la política sueca se recuerda como un importante avance para la democracia en Escandinavia** al introducir derechos de voto más amplios y derechos laborales más fuertes.

# Neutralidad sueca durante la Primera Guerra Mundial
## (1914-1918)

**¿Sabía que Suecia se mantuvo neutral durante la Primera Guerra Mundial?** Descubra cómo esta pequeña nación escandinava mantuvo su independencia y permaneció neutral durante la guerra.

276. **Suecia se mantuvo al margen de la Primera Guerra Mundial y no tomó partido por Alemania,** Austria-Hungría, Rusia, Gran Bretaña o Francia.

277. **El Gobierno sueco quería mantener el país a salvo de cualquier invasión** extranjera durante este período, por lo que mantuvo su política de neutralidad sin dejar de armarse.

278. **Durante la Primera Guerra Mundial, Suecia comerciaba con ambos bandos,** vendiendo bienes como hierro y madera mientras compraba alimentos para su pueblo y suministros militares como municiones y materias primas con fines defensivos.

279. **Debido a su ubicación, Suecia comerciaba principalmente con Alemania.**

280. **Suecia permitió que los submarinos alemanes atracaran desde sus puertos,** suministrándoles el combustible para sus operaciones en otros lugares de Europa. Otros países neutrales, como Noruega, protestaron contra este acto, porque les preocupaba su seguridad. **Suecia permitió que esto sucediera porque temía que Alemania, que era mucho más fuerte, la atacara.**

281. **Los suecos utilizaron la diplomacia durante toda la guerra para asegurarse de seguir siendo un Estado neutral y no verse arrastrados al conflicto.**

282. **Aunque Suecia se mantuvo neutral como país, muchos suecos con ascendencia alemana** querían que la nación se involucrara en favor de Alemania. Sin embargo, era un número reducido.

283. **El gobierno sueco tuvo tanto éxito en mantener la neutralidad** que ninguna fuerza militar extranjera invadió su territorio durante este periodo.

284. **La neutralidad de Suecia le permitió mantenerse al margen de la Primera Guerra Mundial** a la vez que mantuvo fuertes lazos económicos con toda Europa, asegurando una economía saludable a pesar de la agitación generalizada.

285. **Durante la Primera Guerra Mundial, Suecia concedió el estatuto de refugiados a más de 500.000 personas** de otros países que buscaban seguridad, entre ellos refugiados alemanes y austriacos que huían del reclutamiento en sus países.

286. **La familia real sueca proporcionó refugio a varios exiliados políticos durante la Primera Guerra Mundial,** incluidos miembros de la familia del zar ruso que huyeron de su patria tras la Revolución bolchevique en Rusia, en 1917.

287. **La neutralidad de Suecia permitió a la nación ser mediadora durante las negociaciones de paz entre Alemania y Gran Bretaña en dos ocasiones distintas** (1916 y 1918), lo que ayudó a entablar negociaciones que finalmente desembocaron en un armisticio, firmado en noviembre de 1918.

288. **Suecia se mantuvo neutral incluso después de finalizada la guerra, lo que significó el éxito de su política.**

289. **Suecia aprovechó su neutralidad para estrechar lazos diplomáticos con otros países** como Rusia y Francia, lo que le permitió tener más influencia en la política internacional en los años posteriores al final de la Primera Guerra Mundial.

290. **La política de neutralidad sueca fue criticada por muchos en ambos bandos de la guerra.** Alemania creía que Suecia debía ponerse de su lado porque mantenían lazos históricamente estrechos. Los británicos y los franceses veían a Alemania como un agresor al que había que detener a toda costa.

291. **Los suecos proporcionaron ayuda médica y suministros a los países implicados en la Primera Guerra Mundial,** demostrando que podían permanecer neutrales y al tiempo brindar ayuda humanitaria.

292. **Aunque la mayoría de los suecos apoyaban la neutralidad,** algunos creían que su nación debía entrar en guerra para uno u otro bando.

293. **La neutralidad sueca permitió a la nación tener acceso a fondos y préstamos internacionales,** lo que representó un gran beneficio respecto de los otros países, que estaban financieramente agotados debido al esfuerzo bélico.

294. **Suecia mantuvo fuertes lazos con ambos bandos durante la Primera Guerra Mundial,** lo que le permitió permanecer neutral sin dejar de ser un actor importante en la política internacional.

295. **La neutralidad sueca durante la Primera Guerra Mundial se considera uno de los momentos de mayor orgullo de la historia.** Estableció un legado para las generaciones futuras, que aprendieron cómo la diplomacia pacífica podía utilizarse eficazmente incluso en medio de un gran conflicto mundial.

# Vida y cultura sueca en el periodo de entreguerras
## (1918-1939)

**Este capítulo explora la agitada historia de Suecia** durante el periodo de entreguerras. El mundo experimentó grandes cambios durante este periodo y **Suecia también sintió el impacto.** A continuación, todo lo que le sucedió a Suecia antes del **comienzo de la Segunda Guerra Mundial.**

296. Durante el periodo entreguerras, **Suecia se convirtió en uno de los países más ricos de Europa y experimentó una rápida industrialización**.

297. **La economía sueca se basaba en las exportaciones** como el hierro, el papel, los textiles y la madera.

298. Aunque fundado en 1889, el **Partido Socialdemócrata** (*Sveriges Socialdemokratiska Arbetareparti*, o *Socialdemokraterna*) ganó las elecciones en Suecia por primera vez en 1932 y permaneció en el poder hasta 1976.

299. **Las mujeres lograron avances significativos durante este periodo.** Por ejemplo, en 1921 se les concedió el derecho al voto en las elecciones nacionales. En 1931, más del **50 % de los profesores universitarios eran mujeres**, aunque esta cifra solo incluye las universidades públicas. Las universidades privadas no estaban obligadas a presentar estadísticas.

300. **Aunque los suecos más ricos habían empezado a comprar autos**, la mayoría de la gente no tenía uno en 1929. La mayoría de los habitantes de las ciudades seguían viajando en tranvía y las empresas utilizaban caballos y carretas.

301. **Los viajes en avión empezaron a popularizarse durante este periodo**, con vuelos comerciales ofrecidos entre Estocolmo y Gotemburgo en 1928. Estos vuelos se realizaban con aviones Junkers de fabricación alemana, que podían transportar hasta doce pasajeros. Volar en avión era relativamente caro.

302. **El Art Déco se convirtió en un estilo de moda en ciudades como Estocolmo y Gotemburgo,** reflejo de las tendencias internacionales.

303. **La cultura sueca vivió una explosión de creatividad durante este periodo,** con autores famosos como **Selma Lagerlöf** (*Las maravillosas aventuras de Nils*, Premio Nobel de Literatura 1909) y Hjalmar Söderberg (*La juventud de Martin Birck* y *Doktor Glas*) escribiendo sus obras maestras.

304. **La música floreció con compositores como Hugo Alfvén, que creó obras como la** *Rapsodia sueca nº 1*, basada en melodías de música folclórica tradicional de Suecia y otras partes de Escandinavia.

305. En 1909 se inauguró en Åre una de **las primeras estaciones de esquí de Europa, que hoy en día es un destino popular para los amantes del esquí de todo el mundo.**

306. En 1939, **cerca del 90 % de los hogares suecos tenían acceso a la electricidad.** Alrededor del 60 % de los hogares suecos tenían teléfono.

307. **Durante el periodo entreguerras, había alrededor de un millón de receptores de radio en Suecia. La radio era una importante fuente de entretenimiento e información.**

308. **Empezaron a aparecer cines en las ciudades y las películas de Hollywood llegaron a los cines suecos.**

309. **Suecia también desarrolló su propia industria cinematográfica. La superestrella de Hollywood Greta Garbo** (1905-1990) nació en Suecia y se inició en la industria cinematográfica sueca.

310. **En el periodo de entreguerras se produjo un rápido aumento de los bancos suecos, lo que contribuyó a crear una economía estable para el país.** La economía sueca creció rápidamente durante el periodo de entreguerras, lo que provocó un aumento de la demanda de servicios bancarios.

# Neutralidad durante la Segunda Guerra Mundial
## (1939-1945)

**Suecia fue un país neutral durante la Segunda Guerra Mundial.** En este capítulo se explora cómo **la neutralidad sueca** afectó la relación con **Alemania y otros países europeos** durante uno de los momentos más difíciles de la historia del mundo.

311. **Para mantener su estatus de neutralidad, Suecia tuvo que aceptar ciertas restricciones**, como las limitaciones comerciales impuestas por las fuerzas aliadas y las potencias del Eje durante la Segunda Guerra Mundial.

312. **Aunque el ejército sueco no era tan fuerte como el de los aliados o el Eje**, era lo suficientemente fuerte como para disuadir un ataque. Esto, combinado con la ubicación estratégica del país y **las habilidades diplomáticas del gobierno sueco,** ayudó a la nación a mantener su neutralidad durante la Segunda Guerra Mundial.

313. **Suecia permitió a los soldados alemanes circular por su territorio** con la condición de que se abstuvieran de realizar actividades militares mientras estuvieran allí.

314. **Algunos informes indican que las tropas alemanas estacionadas en Noruega utilizaron el territorio sueco para operaciones contra las fuerzas aliadas cercanas.** Esta información no fue conocida hasta después de la guerra y dañó la reputación de Suecia como país neutral.

315. **A pesar de los intentos de mantener normas estrictas sobre la entrada en las fronteras suecas, hubo casos en los que las tropas alemanas que entraron en el país fueron tratadas con cierto nivel de hospitalidad.**

316. **El gobierno sueco proporcionó ayuda humanitaria a ambos bandos durante la Segunda Guerra Mundial** mediante el envío de alimentos y suministros a los campos de prisioneros de guerra en Alemania, Italia, Francia y otros países.

317. **Suecia acogió a unos nueve mil refugiados judíos durante la guerra,** incluidos unos ocho mil judíos daneses, tras la invasión alemana de Dinamarca.

318. **Los suecos desempeñaron un papel activo en la negociación de los tratados de paz entre los Aliados y las potencias del Eje**. Por ejemplo, actuaron como mediadores entre Finlandia y la Unión Soviética en 1944, lo que les aseguró un gran respeto a nivel internacional.

319. **Algunos sostienen que la postura neutral de Suecia no siempre fue coherente**, ya que algunos informes sugerían que su ejército tenía planes de operaciones contra la Alemania nazi en caso de que invadiera su territorio.

320. **Suecia proporcionó materiales a Alemania durante la guerra, como hierro y madera,** que eran esenciales para sus operaciones militares. Alemania rodeó a Suecia durante la guerra, por lo que el país no podía comerciar con los aliados.

321. **Hubo pocos conflictos internos dentro de Suecia durante la guerra,** aunque la nación fue bloqueada y bombardeada accidentalmente en algunas ocasiones.

322. **Uno de los civiles más famosos de la Segunda Guerra Mundial en Europa fue Raoul Wallenberg, un aristócrata sueco que trabajó con la Cruz Roja en Hungría**. Se le atribuye haber salvado la vida de miles de judíos húngaros que podrían haber terminado en Auschwitz.

323. **Wallenberg desapareció al final de la guerra.** Solo décadas después se descubrió que **los soviéticos lo habían capturado** durante su entrada a Hungría. Creyeron que era un espía y lo enviaron a un **campo de prisioneros soviético**, donde murió en 1947 en circunstancias misteriosas.

324. **A pesar de que sus vecinos, Dinamarca y Noruega, fueron invadidos, Suecia logró evitar una invasión y mantenerse neutral.**

325. **En resumen, la política de neutralidad de Suecia durante la Segunda Guerra Mundial fue una parte integral de su historia,** ya que permitió a los suecos mantener la seguridad sin dejar de prestar ayuda a quienes la necesitaban.

# La era sueca de la reforma del libre mercado
## (1939-1976)

Este capítulo explora la era de la reforma de libre mercado en Suecia. Se exploran hechos sobre este importante período de la historia económica y social de Suecia, incluyendo la transformación del país en una de las naciones más prósperas de Europa.

326. **Este período vio a Suecia convertirse en una potencia económica** que valía mucho más de lo que indicaba el tamaño de su población.

327. **El gobierno aplicó políticas que redujeron los impuestos a las empresas,** eliminaron los aranceles sobre los bienes importados, mejoraron las condiciones de trabajo y fomentaron el espíritu empresarial mediante el apoyo a los propietarios de pequeñas empresas.

328. **El Estado proporcionaba generosas prestaciones sociales, como salud pública universal,** educación gratuita hasta la universidad, seguro de desempleo, subsidios de vivienda, planes de pensiones y permisos parentales para los padres que trabajaban fuera de casa. Esto permitía a la gente disfrutar de una vida de alta calidad manteniendo la estabilidad social, incluso después de jubilarse a una edad temprana.

329. **Una de las razones por las que Suecia podía ofrecer estos servicios sociales eran sus elevados impuestos a las personas naturales**. El impuesto máximo para las personas naturales en Suecia era del 91 % en 1954.

330. **Los impuestos suecos son progresivos. Esto significa que las personas que ganan más dinero pagan un mayor porcentaje de sus ingresos en impuestos,** lo que ayuda a garantizar que todo el mundo contribuya al sistema fiscal en función de su capacidad de pago.

331. **Los impuestos en Suecia comenzaron a bajar a finales de los años 60 y 70,** pero se mantuvieron relativamente altos en comparación con otros países debido al compromiso del gobierno con los programas de bienestar social.

332. **Los elevados impuestos fueron fuente de controversia durante este periodo.** Algunos argumentaban que eran demasiado elevados y disuadían a la gente de trabajar duro. Otros argumentaban que eran necesarios para financiar los programas de bienestar social que hacían de Suecia una sociedad más equitativa.

333. **Durante este periodo, Suecia fue uno de los países más ricos del mundo en PIB** (producto interno bruto, por sus siglas en inglés) per cápita (por persona).

334. En la década de 1970, el 67 % de **las familias suecas eran propietarias de su vivienda, frente al bajo 34 % al inicio del periodo de reformas en 1939.**

335. **Las reformas también condujeron a un aumento de la producción industrial,** que se tradujo en mayores exportaciones y generó más ingresos para la economía del país, al tiempo que contribuyó a reducir el desempleo.

336. **La tasa de desempleo en Suecia disminuyó significativamente durante este periodo,** pasando del 14,3 % en 1939 al 2,9 % en 1976.

337. **Los partidos socialdemócratas fueron las fuerzas dominantes** detrás de muchas de estas reformas de libre mercado. Proporcionaron el marco para una economía fuerte que, a su vez, condujo a un aumento del nivel de vida.

338. **Suecia se benefició de ser uno de los pocos países europeos no dañados físicamente por la Segunda Guerra Mundial**, lo que, combinado con la necesidad de materias primas en la Europa devastada por la guerra, ayudó enormemente a la economía sueca.

339. **En 1960, Suecia ingresó en la AELC** (Asociación Europea de Libre Comercio), lo que le permitió acceder al mercado europeo y reforzar aún más su crecimiento económico.

340. A finales de la década de 1970, **Suecia se había consolidado como una de las naciones más prósperas de Europa.**

# La Guerra Fría
## (1955-1991)

**Este capítulo explora la fascinante historia de Suecia durante la Guerra Fría.** Permite conocer algunos datos sobre la política, la sociedad, la economía, la cultura y la política exterior sueca.

341. **La Guerra Fría fue un período del siglo XX en el que hubo tensiones entre la ideología comunista y la capitalista.** Estados Unidos y sus aliados representaban a Occidente y el capitalismo, mientras que la Unión Soviética y sus aliados, el comunismo.

342. **Como parte de su política, Suecia era un país neutral.** Esto significa que no tomaba partido ni se aliaba con ningún bando durante los conflictos armados.

343. **La situación estratégica de Suecia y su neutralidad la convirtieron en un objetivo prioritario para el espionaje de la Unión Soviética y de Occidente durante la Guerra Fría.** Las agencias de inteligencia del país también desempeñaron un papel en la recopilación de información sobre ambos bandos. **Aunque Suecia no participó directamente en el conflicto,** su territorio se utilizó como base para los espías y sus operaciones.

344. **Al no adoptar una postura política, Suecia siguió comerciando con ambos bandos.** Por ejemplo, comerció tanto con Europa Occidental como con Europa Oriental.

345. **Suecia buscó reducir las tensiones globales a través de la diplomacia. En la década de 1970, organizó la Conferencia de Estocolmo** para que políticos de Alemania Oriental y Occidental buscaran mejorar las relaciones entre sus países.

346. Una de **las cosas que consiguió la Conferencia de Estocolmo fue establecer una línea directa de comunicación entre EE. UU. y la URSS** para evitar una guerra nuclear.

347. **Aunque un pequeño número de personas en Suecia abogaba por unirse a la OTAN en contra de la agresiva Unión Soviética, la mayoría de los suecos apoyaron con entusiasmo la neutralidad.**

348. **La economía sueca creció durante esta época**. Fue una de las naciones más ricas del mundo durante la Guerra Fría.

349. Durante este periodo, **Suecia destacó por su ferviente vigilancia del aire y los mares**. Hubo muchos casos en los que se advirtió a aviones y barcos (la mayoría de la Unión Soviética) que se mantuvieran fuera de la zona y su presencia fue rechazada por las fuerzas suecas.

350. En 1985, **el primer ministro sueco, Olof Palme, fue asesinado mientras volvía a casa después de ver una película con su familia**. Este hecho conmocionó al mundo y causó mucho dolor en Suecia, ya que Palme era un símbolo de paz y esperanza para mucha gente.

351. **Nunca se detuvo a nadie por el asesinato de Palme.** Una teoría popular es que, dado que era un firme defensor de la paz y el desarme, una agencia de inteligencia extranjera lo asesinó para silenciarlo.

352. **Suecia utilizó su neutralidad para facilitar las negociaciones entre Oriente y Occidente hacia el final de la guerra fría.** La nación ayudó a lograr un acuerdo sobre reducción de armas nucleares entre el presidente estadounidense Ronald Reagan y el secretario general soviético Mijaíl Gorbachov en 1988 (conocido como la Cumbre de Reikiavik).

353. **A pesar de no formar parte de ninguna alianza o bloque político durante esta época,** Suecia siguió participando en la política internacional. Envió tropas al extranjero en operaciones de mantenimiento de la paz de la ONU, como las de Líbano, Camboya y Kuwait, durante toda la época de la guerra fría.

354. Durante la década de 1980, **Suecia abrió sus puertas** a más de **100.000 refugiados** de Chile y Vietnam, afectados por disturbios políticos.

355. En 1991, **Suecia fue uno de los primeros países en reconocer la independencia de Estonia de la Unión Soviética**. La Unión Soviética se derrumbó ese mismo año.

356. Con la relajación de las tensiones mundiales tras años de conflicto, **Suecia se centró en otras cuestiones, como la protección del medio ambiente y el cambio climático.** Incluso ratificó un tratado destinado a reducir la contaminación atmosférica (el Protocolo de Kioto).

357. **Suecia fue uno de los países más progresistas de Europa desde antes de la Segunda Guerra Mundial,** pero su mayor avance fue durante la Guerra Fría. fue pionera en reformas sociales como el matrimonio entre personas del mismo sexo y la igualdad de acceso a la educación y la salud, independientemente de los ingresos o la procedencia.

358. **El país sigue desempeñando un papel importante en la diplomacia internacional a través de organizaciones como el Consejo de Seguridad de la ONU**, donde los representantes suecos actúan a menudo como mediadores entre las distintas partes implicadas en disputas.

359. **Desde la Guerra Fría, Suecia se convirtió en una sociedad cada vez más diversa**, con personas de todo el mundo que se establecen allí y contribuyen notablemente a su cultura y economía.

360. En 2022, **Suecia solicitó entrar en la OTAN como consecuencia de la invasión rusa a Ucrania**. Si entra en la OTAN, su política de neutralidad bicentenaria terminará oficialmente.

# El movimiento feminista y la igualdad de derechos
## (1970 a 1990)

Este capítulo explora los principales movimientos sociales en Suecia, como **el movimiento feminista**. Se examina **cómo estos movimientos influyeron en la sociedad, la política y la cultura sueca.**

361. **El movimiento feminista en Suecia comenzó alrededor de la década de 1970** y fue una parte importante de la sociedad sueca durante las décadas de 1980 y 1990.

362. **Dos de los acontecimientos clave de la primera parte de esta época fueron la publicación del libro** *Kvinnofrigörelsen och vi* (*El movimiento de liberación de la mujer y nosotros*) en 1969 y la fundación del **Feministiskt Forum** (Foro Feminista) en 1972, que reunió en Estocolmo a mujeres de toda Suecia.

363. **El movimiento feminista pretendía crear igualdad entre hombres y mujeres en todos los ámbitos,** como los derechos legales, el derecho a voto, el acceso a la educación, las oportunidades laborales y la representación política.

364. **Sus partidarias abogaban por una mayor paridad entre los géneros en términos de remuneración en el trabajo,** políticas de permisos parentales iguales, mayores oportunidades de representación femenina en la política y mejores servicios de guardería para que las madres pudieran reincorporarse a sus carreras tras dar a luz o criar a sus hijos pequeños.

365. **Las feministas suecas lucharon por la igualdad de derechos dentro del matrimonio,** como en la responsabilidad compartida sobre la educación de los hijos y la custodia legal conjunta ante la separación o el divorcio; estas reformas se consiguieron en 1988.

366. Antes de 1988, **la ley sueca otorgaba al padre la custodia automática de los hijos en caso de divorcio.** Esto significaba que la madre tenía que luchar por la custodia, y a menudo perdía. El movimiento feminista argumentaba que esto era injusto y discriminatorio y exigía cambiar la ley.

367. En 1995, **Suecia modificó su ley del aborto para que pudiera realizarse sin la aprobación de un médico**, garantizando así una mayor autonomía a las mujeres.

368. **El Partido Iniciativa Feminista (FI) se formó en 2005** para crear una sociedad con igualdad de género a través de la representación política. Su popularidad sufrió altibajos y, aunque llegó a ser un partido mayoritario en algunas ciudades pequeñas, perdió gran parte de sus seguidores en algunos momentos de la militancia.

369. **Durante este periodo, las mujeres suecas tenían tasas de empleo más altas que las de muchos otros países.** En 1990, casi la mitad de los funcionarios suecos eran mujeres.

370. **Las mujeres entraron en campos tradicionalmente dominados por los hombres,** como la ingeniería, la medicina y la gestión empresarial.

371. En 1994, **entró en vigor la Ley de Igualdad, que prohibió la discriminación por cualquier motivo relacionado con el sexo, la etnia o la discapacidad**, consagrando aún más la protección de los grupos marginados de la sociedad, a pesar de la resistencia de algunos políticos conservadores.

372. A mediados de la década de 1990, **Suecia se convirtió en uno de los primeros países en introducir una ley que permitía la unión reconocida legalmente de parejas del mismo sexo.**

373. En 2009 **se legalizó el matrimonio entre personas del mismo sexo**. Esta legislación mereció la atención internacional por su postura progresista en materia de derechos LGBTQ+.

374. **Las feministas suecas también lograron un mayor acceso a la educación sexual en las escuelas**, así como la mejora de la atención en salud reproductiva, con avances como el asesoramiento sobre anticoncepción o los servicios de aborto.

375. **En 1996, las leyes sobre permisos parentales cambiaron para que ambos progenitores tuvieran los mismos derechos a la hora de ausentarse del trabajo tras tener un bebé.** Antes, los padres solo podían disfrutar de catorce días, mientras que las madres tenían derecho a hasta 180 días con una remuneración del 80 %. Hoy, pueden repartirse hasta 490 días entre ambos con un salario ajustado en función de cuánto se tome cada uno.

376. **Las organizaciones de mujeres suecas presionaron para aumentar el apoyo a las víctimas de violencia doméstica y agresión sexual**, mayores derechos y protección para las trabajadoras sexuales y la introducción de cupos de género en la política para garantizar una mayor representación femenina en el gobierno.

377. **El movimiento feminista contribuyó a un cambio de actitud sobre la maternidad.** A principios del siglo XIX, la crianza de los hijos se consideraba casi exclusivamente responsabilidad de la mujer, pero las feministas argumentaban que los hombres debían tener el mismo papel, lo que dio lugar a un aumento de las disposiciones sobre permisos de paternidad.

378. **Actualmente, Suecia lucha por la igualdad de retribución laboral. La Ley de Discriminación** de 2009 establece que empresarios y empleados deben trabajar activamente para igualar las diferencias salariales entre sexos.

379. **Sin embargo, sigue existiendo una importante brecha salarial, que es uno de los retos de la agenda sueca de igualdad de género.** En 2022, el salario promedio mensual de las mujeres en Suecia era el 90,1 % del salario promedio de los hombres.

380. En 2015, **las mujeres representaban el 45 % del Parlamento, el 45 % de las legislaturas locales y el 52 % de los ministerios del Gobierno nacional.**

# La reforma de la ley del aborto
## (1974-1976)

**Este capítulo explora el proceso de reforma de la ley del aborto en Suecia.** Permite ver cómo se produjeron cambios significativos en **las leyes suecas sobre el acceso al aborto y su impacto en la salud pública.** También se presentan los diferentes argumentos a favor y en contra de la reforma y los resultados que alcanzó. Por último, se da un panorama de otros países que han utilizado métodos similares para reformar sus leyes relativas al derecho al aborto.

381. En la década de 1930, **el aborto solo estaba permitido en Suecia en determinadas circunstancias trágicas,** como la violación, el incesto y el riesgo de la salud de la madre. Esto era más progresista que en la mayoría de los países occidentales de la época.

382. En 1975, **el Parlamento sueco aprobó una ley que permitió el aborto** dentro de las primeras dieciocho semanas de embarazo.

383. **La ley facilitó que las mujeres abortaran en Suecia** y ayudó a reducir las tasas de mortalidad materna debidas a abortos inseguros.

384. **Sin embargo, había algunas restricciones basadas en la edad y otros criterios como la presencia de enfermedades mentales.**

385. **Este cambio redujo drásticamente los abortos ilegales que se producían fuera de los centros médicos oficiales.** Los abortos ilegales suelen ser peligrosos, tanto para la madre como para el bebé. En aquella época, no había protección legal si algo salía mal durante el procedimiento.

# Crisis económica de los años ochenta

**En este capítulo se analiza la crisis económica de los años ochenta y sus efectos en Suecia.** Se examinan los hechos de este periodo, incluyendo **la influencia de la crisis en la sociedad,** la economía y la política sueca.

386. **La crisis económica de la década de 1980 golpeó duramente a Suecia,** provocando una profunda recesión y obligando a muchos en el país a replantearse políticas económicas y sociales costosas.

387. **La crisis llevó a un debate sobre el futuro del sistema de bienestar social sueco.** Algunos sostenían que era demasiado caro y debía reformarse. Otros sostenían que era esencial para el modo de vida sueco y debía protegerse.

388. **El desempleo saltó del 2 % al 8 %,** ya que las empresas y las industrias luchaban contra los altos intereses y los bajos niveles de inversión. La tasa máxima de desempleo fue del 10,2 %, alcanzada en 1993.

389. **El gobierno sueco aplicó recortes en el gasto público y aumentó los impuestos para reducir el déficit presupuestario.** Estas medidas de austeridad fueron impopulares para muchos, pero fueron necesarias para estabilizar la economía.

390. **Las medidas redujeron el déficit presupuestario, pero también tuvieron un impacto negativo en la economía.** Los recortes del gasto público provocaron una disminución de las prestaciones sociales y una reducción de los servicios públicos. El aumento de los impuestos hizo más difícil que las empresas invirtieran y crearan empleo.

391. En 1985, **la inflación llegó a ser tan grave que los precios al consumo subieron más rápido que los salarios,** lo que provocó una disminución del nivel de vida de las personas, independientemente de su renta o clase social.

392. **La tasa de inflación en Suecia alcanzó un máximo del 15,5 % en 1980.** Esto significaba que los precios de los bienes y servicios subían un 13,6 % cada año.

393. **Para resolver estos problemas, el gobierno introdujo nuevas políticas económicas como los fondos para asalariados**, en los que el dinero de los impuestos se invertía directamente en las empresas y no en el Estado.

394. **Gracias a los fondos para asalariados, las empresas accedieron fácilmente al capital y la economía sueca se recuperó más rápidamente que la de otros países europeos.** Sin embargo, algunos economistas sostienen que los fondos para asalariados eran demasiado pequeños para marcar una diferencia real en la economía y que la recuperación económica se debió a otros factores, como las medidas de austeridad del gobierno.

395. **A pesar de la crisis económica, la industria sueca se mantuvo relativamente fuerte gracias a su apuesta por la innovación y la tecnología**, lo que le permitió ser competitiva frente a las empresas internacionales.

396. **El gobierno introdujo políticas como la desregulación, la privatización y la liberalización de los mercados,** que ayudaron a la recuperación, ya que permitieron una mayor competencia entre las empresas del mercado.

397. **Aunque a finales de la década de 1980 se tomaron una serie de medidas para aliviar la crisis económica en Suecia,** algunos efectos como las altas tasas de desempleo persistieron hasta principios de la década de 1990.

398. **Suecia redujo su deuda nacional del 80 % del PIB**, en 1983, al 37 %, en 2016, una gran hazaña teniendo en cuenta lo profunda que fue la crisis económica durante ese periodo.

399. **El gobierno sueco vendió varios activos estatales,** lo que contribuyó a aumentar los ingresos y reducir la deuda pública. Entre ellos se encontraba el monopolio estatal de producción de alcohol y la famosa *Saab Corporation*.

400. **El sistema bancario sueco se reforzó luego de la crisis económica**. Desde entonces, todos los grandes bancos están obligados a mantener al menos un 12 % de reservas de capital, a diferencia del 2 % o 4 % de antes. Esto significa que los bancos suecos están en una posición financiera mucho más fuerte que en los años ochenta.

# La adhesión de Suecia a la Unión Europea
# (1995)

**Este capítulo explora el camino de Suecia hasta convertirse en integrante de la Unión Europea.** Permite entender los acontecimientos destacados que condujeron a ello, incluidas las negociaciones y los referendos y cómo cambió Suecia tras su ingreso en esta unión política.

401. **Como integrante de la UE, Suecia tiene acceso al mayor mercado único del mundo,** con quinientos millones de consumidores y empresas que compran y venden bienes dentro de él sin pagar impuestos de importación o exportación.

402. **Suecia debe cumplir con la normativa de la UE**, lo que es costoso y lleva mucho tiempo. Sin embargo, los beneficios son mayores a los requerimientos que exige la UE.

403. **Desde la adhesión a la UE, el comercio con otros integrantes aumentó significativamente para las empresas suecas.** Esto generó más oportunidades de empleo para los suecos.

404. **Los suecos pueden trasladarse y vivir en cualquier otro país de la UE siempre que respeten las leyes locales.** También gozan de derechos compartidos como la cobertura en salud si viajan temporalmente al extranjero por motivos laborales.

405. **Formar parte de la Unión Europea protege a los ciudadanos suecos de la delincuencia, al trabajar en conjunto en la prevención del terrorismo.**

406. **Suecia es uno de los países más influyentes de la UE al momento de tomar decisiones.** Algunos de sus objetivos son la mitigación del cambio climático y el mantenimiento de la paz.

407. **Los suecos se benefician de bienes y servicios más baratos gracias a la ley de competencia,** que mantiene los precios bajos en todos los mercados de la UE.

408. **La pertenencia de Suecia a la UE permitió a la nación participar en las decisiones relativas a los acuerdos comerciales con otros países no pertenecientes a la UE,** como Japón y China. Por eso, puede aprovechar las oportunidades que ofrecen estos mercados.

409. **El gobierno sueco contribuye anualmente con dinero a proyectos destinados a mejorar la vida de las personas dentro y fuera de la UE.** Además, reciben a refugiados dentro de sus fronteras.

410. **Suecia, a diferencia de muchos países de la UE, no ha adoptado el euro como moneda oficial.** La corona sueca es la moneda actual en Suecia.

# Programa de integración, inmigración y solicitudes de asilo

## (1990-2000)

**Este capítulo explora el programa de integración en Suecia. Analiza cómo las políticas desarrolladas durante este periodo afectaron a los inmigrantes y solicitantes de asilo** y descubre algunos de los retos a los que se enfrentaron los inmigrantes y los políticos a la hora de establecerse a largo plazo en el país nórdico.

411. **El gobierno sueco puso en marcha un programa de integración para ayudar a los recién llegados a establecerse en Suecia de forma más rápida y sencilla.**

412. **Este programa se centró en ayudar a las personas a aprender sueco, encontrar trabajo**, obtener cobertura de salud y acceder a servicios de vivienda.

413. También proporcionaba información **sobre cómo adaptarse a la vida en Suecia**, enseñando la cultura, las leyes y las costumbres del país.

414. **Una parte importante de este plan de integración se destinó a los solicitantes de asilo** que huyeron de sus países por guerras o disturbios políticos. Les ofrecieron protección especial en virtud del derecho internacional, lo que les ofreció un espacio seguro para empezar una nueva vida.

415. **El número de solicitantes de asilo aumentó drásticamente en la década de 1990, cuando llegaron refugiados de Kosovo.** En 2001, luego de que las tropas estadounidenses invadieran **Afganistán, se sumaron nuevos refugiados.**

416. **La ley de extranjería permite a cualquier persona que haya vivido en Suecia durante cinco años o más, solicitar la residencia permanente**, lo que en esta época ayudó a muchos a obtener un estatus oficial dentro de su nuevo país de origen, más rápido que antes.

417. **La educación es una parte esencial de la integración, ya que da a los inmigrantes mejores oportunidades de encontrar empleo**, por lo que se iniciaron clases especiales en las escuelas centradas en la enseñanza del sueco y otras materias como matemáticas y ciencias.

418. **En el 2002, el Gobierno sueco creó centros de atención** que proporcionaban información detallada sobre los impuestos y los centros de salud. Estos centros de información siguen funcionando hoy en día y ofrecen apoyo a todos los inmigrantes, independientemente de su procedencia.

419. **El gobierno proporcionó ayuda financiera a los refugiados y subvencionó viviendas en algunas zonas,** lo que ayudó a que tuvieran acceso a las necesidades básicas mientras se adaptaban a la vida en Suecia.

420. **La Asociación de Recién Llegados (*Nyföreningsrådet*), ayuda a los solicitantes de asilo a integrarse en la sociedad**. Ofrece asesoramiento jurídico, cursos de idiomas a precios reducidos y campos de refugiados de la Cruz Roja, donde las personas pueden alojarse temporalmente hasta instalarse en un lugar más permanente.

421. **El número de inmigrantes aumentó a lo largo de los años, con refugiados procedentes de países de todo el mundo** como Siria, Afganistán e Irak. Suecia tiene una política muy generosa a la hora de recibir personas que buscan seguridad dentro de sus fronteras.

422. **Una parte esencial de la integración es entender cómo funciona la seguridad social para que los inmigrantes obtengan el apoyo que necesitan.** Suecia ha creado tutoriales en línea que explican de forma fácil los beneficios de las prestaciones de salud y cómo funcionan los derechos laborales.

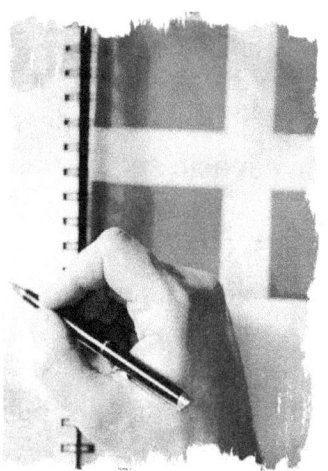

423. **Uno de los mayores retos a los que se enfrentan los solicitantes de asilo en Suecia es encontrar trabajo,** ya que los empresarios no suelen contratar a alguien que no habla sueco con fluidez o no está familiarizado con las costumbres locales. **Se ha puesto en marcha la formación profesional y las clases de sueco,** que facilitan a los recién llegados conseguir un empleo significativo.

424. **Tras la llegada masiva de refugiados del Oriente Próximo al norte de Europa,** muchas de las leyes aprobadas después de 2001 han sido derogadas o restringidas.

425. **Hoy, los permisos de residencia son más difíciles de conseguir y deben aprobarse cada cinco años. Para obtener la ciudadanía se necesita dominar el sueco y tener un trabajo** y los controles fronterizos son más estrictos.

# Movimiento de Resistencia Popular Antirracista

## (2000-2010)

Esta sección, muestra datos interesantes **sobre el surgimiento de este movimiento, sus objetivos, sus tácticas** y su forma de abordar los principales problemas políticos suecos.

426. **Este movimiento comenzó como reacción a la violencia contra los inmigrantes y los ciudadanos suecos no nórdicos.**

427. **En la década de 1980, se produjeron disturbios contra los inmigrantes en la ciudad meridional de Malmo, en los que participaron algunos movimientos de extrema derecha.** Esto produjo el auge del movimiento antirracista en Suecia. Desde 2015, ha habido disturbios en más ciudades.

428. **Algunas de las formas de activismo que utiliza el movimiento** antirracista para lograr la justicia y la igualdad **son protestas, marchas, concentraciones, manifestaciones y peticiones.** El movimiento ha organizado actos por toda Suecia a los que han asistido miles de personas.

429. **El principal objetivo del movimiento es acabar con la discriminación por motivos de raza o etnia en la sociedad sueca, luchando contra todas las formas de racismo,** incluido el de las instituciones gubernamentales como los departamentos de policía o los tribunales de justicia.

430. **Los integrantes del movimiento imparten educación a través de talleres sobre temas relacionados con la opresión estructural,** como la comprensión del privilegio blanco y el reconocimiento de las microagresiones, así como las diferentes formas en las que pueden afectar a las personas.

431. **En los últimos años, se puso en marcha la campaña** *#MyFreedomDay* para animar a la gente a reconocer y luchar contra la trata de personas.

432. En 2018, **el Parlamento de Suecia aprobó una ley que prohíbe la discriminación** por motivos de raza o etnia, cumpliendo uno de los principales objetivos de este movimiento.

433. **El movimiento popular contra el racismo ha sido un factor importante para la concientización de los problemas raciales en Suecia**, como **las protestas de** *Black Lives Matter* y otras iniciativas de solidaridad con comunidades que se enfrentan a luchas similares en toda Europa.

434. **El movimiento hace hincapié en la creación de espacios seguros para las minorías**, de modo que puedan compartir sus experiencias sin miedo y sin dejar de exigir cambios a las instituciones responsables de evitar la opresión y la injusticia.

435. **También colabora con otras organizaciones que luchan por la justicia social**, como Amnistía Internacional y *Human Rights Watch*.

# Legislación sobre el matrimonio entre personas del mismo sexo
## (2009)

Este capítulo explora **la legalización del matrimonio entre personas del mismo sexo en Suecia.** Los datos presentados se centran en cómo llegó a ser aceptado y aprobado en la legislación sueca y en el impacto que esta legislación tuvo en **las parejas LGBT que viven en el país.**

436. En 2009, **Suecia legalizó el matrimonio entre personas del mismo sexo. Antes de eso**, se habían reconocido las uniones registradas, que proporcionaban algunos derechos y protecciones legales.

437. **Las iglesias de Suecia comenzaron a celebrar bodas para parejas del mismo sexo en 2009.**

438. Hasta 2015, **en solo cinco años, se habían celebrado unos cuatro mil matrimonios entre personas del mismo sexo**.

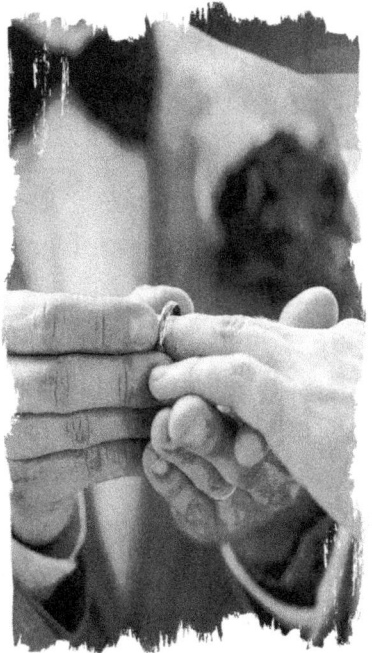

439. Desde 2013, **cualquier persona que haya vivido más de dos años en Suecia puede casarse legalmente allí, aunque no sea de países de la Unión Europea** ni tenga permiso de residencia.

440. En octubre de 2023, **Suecia era uno de los 34 países del mundo que permitían el matrimonio entre personas del mismo sexo.**

# Desarrollo sostenible y políticas medioambientales
## (2010-2020)

Este capítulo e**xplora las estrategias de sostenibilidad y las políticas medioambientales en Suecia.** Los siguientes datos muestran cómo las iniciativas de desarrollo sostenible puestas en marcha por **las autoridades suecas dieron lugar a la eficiencia energética y a las fuentes de energía renovables.** Además, examina algunos retos notables a los que se enfrentan los responsables de las políticas medioambientales suecas en la actualidad.

441. A partir de 2021, **las fuentes de energía renovable de Suecia, como la eólica y la hidroeléctrica,** proporcionan más de la mitad de las necesidades de electricidad del país.

442. **Suecia se puso el objetivo de alcanzar la neutralidad climática en 2045**, lo que significa producir cero emisiones.

443. **En 2021, el gobierno prohibió algunos plásticos desechables como bolsas y pitillos para reducir los niveles de contaminación en reservas naturales, bosques, océanos y ríos.** La prohibición también incluye los envases de poliestireno, los globos y las toallitas húmedas.

444. **Suecia es uno de los países líderes del mundo en reciclaje y reducción de residuos. En 2020,** recicló casi el 99 % de sus botellas de plástico y el 95 % de su papel y cartón.

445. Para combatir la contaminación atmosférica provocada por los vehículos de motor, **se crearon zonas exclusivamente eléctricas en las principales áreas urbanas de todo el país,** lo que proporciona una calidad del aire más limpia.

446. **Cada vez se utilizan más soluciones tecnológicas digitales, como las reuniones en línea,** que reducen el tiempo y los costos de desplazamiento. Estas medidas ayudan a disminuir las emisiones.

447. **Suecia destinó el 9 % de su superficie total a la conservación de la naturaleza.** Esto contribuye a proteger la biodiversidad y las especies en peligro de extinción.

448. **Se adoptaron varias iniciativas ecológicas en el sector agrícola,** como la reducción de productos químicos, la implementación de mejores sistemas de rotación de cultivos y métodos avanzados de producción ecológica, que mejoran la sostenibilidad al tiempo que preservan la fertilidad del suelo y la calidad del agua.

449. **Para animar a la gente a ahorrar energía en casa y en el trabajo**, hay deducciones fiscales por comprar artículos que consumen menos electricidad o gas, **como bombillas LED o electrodomésticos de bajo consumo**.

450. **Suecia se comprometió con la acción climática global.** Firmó el Acuerdo de París con otras naciones e hizo firmes promesas sobre la reducción de los niveles de CO2 para 2030.

# Política de «puertas abiertas» a los refugiados
## (2015-2016)

**Este capítulo trata sobre la política sueca de puertas abiertas a los refugiados**. Explica cómo impactó en la sociedad sueca, en su esfera política y en su panorama económico. También se analizan los motivos que llevaron a tomar esta decisión.

451. **Aunque Suecia acogió refugiados desde el final de la Segunda Guerra Mundial, nunca fue un «país abierto»,** lo que significa que no permitía a cualquiera entrar al país. Había límites en el número de personas que podían llegar. Sin embargo, **Suecia es uno de los países más progresistas** a la hora de albergar refugiados procedentes de zonas conflictivas del mundo.

452. **Refugiados de Siria, Irak y Afganistán** pudieron solicitar asilo en Suecia a principios de la década de 2000.

453. En 2015, una multitud de refugiados de **Medio Oriente llegó a Europa occidental y Escandinavia,** huyendo de la guerra, la represión y la pobreza. Esto sucedió tan rápidamente que tomó a muchos países por sorpresa y derivó en complicaciones políticas y sociales.

454. **Durante 2015 y 2016, se presentaron casi 200.000 solicitudes de asilo de personas que buscaban refugio en Suecia**: el mayor número de solicitudes de refugio jamás registrado desde la Segunda Guerra Mundial.

455. **La política de puertas abiertas fue controvertida en toda Europa porque suponía una gran afluencia de personas que entraban en la región de golpe.** Sin embargo, muchos suecos apoyaron esta decisión con donaciones y esfuerzos voluntarios para ayudar a quienes lo necesitaban.

456. **Para integrar a los refugiados en la sociedad, el gobierno sueco** ofreció clases de lengua sueca y programas de formación laboral.

457. **La política de puertas abiertas tuvo un impacto económico en el PIB sueco,** ya que aumentó el dinero destinado a ayudar a los refugiados. Esto estimuló la economía en un momento de necesidad.

458. **La política de puertas abiertas del gobierno sueco se limitó en 2016 debido a la creciente presión de los ciudadanos,** los partidos políticos conservadores y otros países europeos colapsados por los refugiados.

459. **El gobierno sueco aumentó la cooperación con otras naciones europeas** para garantizar que los refugiados no fueran devueltos a sus países sin recibir antes la documentación legal adecuada y protección frente a posibles persecuciones. Esto tuvo diversos niveles de éxito.

460. **Suecia sigue prestando apoyo a quienes buscan refugio, ofreciéndoles cursos de lengua sueca, oportunidades de empleo y acceso a la salud física y mental.**

# El gobierno sueco en la actualidad
## (2020-2023)

Este capítulo **explora el estado actual del gobierno sueco y su sistema político único y fascinante.** También **descubre cómo esta pequeña nación nórdica logró mantenerse como una de las democracias más estables de Europa** a pesar de albergar diversas culturas, lenguas, religiones e ideologías.

461. **Suecia tiene una democracia parlamentaria,** lo que significa que el pueblo elige a los representantes que componen el gobierno.

462. **El primer ministro es el líder del gobierno** y es nombrado por **el *Riksdag*** (Parlamento sueco).

463. **Suecia está dividida en veintiún condados,** cada uno con un consejo comarcal responsable de asuntos locales como la salud y las escuelas.

464. **El Parlamento (*Riksdag*) elabora las leyes nacionales.** Representantes de toda Suecia se reúnen para debatir asuntos importantes que afectan al país.

465. **El rey y la reina de Suecia tienen un papel notable (aunque simbólico) como jefes de estado.** No tienen poder político, lo que los asemeja al monarca del Reino Unido.

466. **La Constitución sueca garantiza la libertad de expresión y la igualdad de derechos para todos los ciudadanos, independientemente de su sexo, religión y etnia.**

467. **Las propuestas de ley deben pasar por tres «lecturas» para su aprobación antes de ser votadas por los diputados del Parlamento.** La primera lectura es un debate general en el *Riksdag*. La segunda lectura es un debate más detallado y la tercera es una votación sobre la aprobación de la ley.

468. **En Suecia, el impuesto sobre la renta se basa en un sistema progresivo,** según el cual las rentas más altas pagan más que las más bajas.

469. **Suecia fue clasificada como uno de los países con mayor igualdad de género del mundo** gracias a las iniciativas políticas del gobierno que promueven la igualdad de género.

470. **La lengua oficial es el sueco**, pero el inglés se enseña ampliamente desde una edad temprana. Algunos suecos de ascendencia finlandesa, especialmente en el este, también hablan finés.

471. **En Suecia existe el servicio militar obligatorio. Sin embargo**, se trata de una «conscripción parcial», lo que significa que solo un pequeño porcentaje de las personas que cumplen los requisitos son reclutadas. La duración del servicio obligatorio es de aproximadamente un año, mucho menos de lo que solía ser.

472. **El *Riksdag* tiene 349 escaños que representan a diversos partidos políticos de todo el país.** Están divididos en ocho bloques diferentes que representan opiniones políticas opuestas.

473. **El pueblo indígena *sami* de Suecia tiene su propio órgano político, llamado *Sametinget*, el cual se creó en 1993** y actualmente cuenta con 31 miembros elegidos por el pueblo *sami*. **El *Sametinget* aborda cuestiones exclusivas del pueblo *sami*,** especialmente en relación con cuestiones como el derecho a la tierra, la discriminación y la educación lingüística.

474. **Suecia tiene uno de los impuestos más altos de los países de la UE**, así como servicios públicos de alta calidad como salud, educación y prestaciones sociales.

475. **El gobierno sueco colabora con varias organizaciones internacionales como UNICEF, la OMS** (Organización Mundial de la Salud) y **la UNESCO** para ayudar a las personas a acceder a los derechos humanos básicos.

# Famosos suecos
## (1970-actualidad)

Desde finales del siglo XX hasta hoy, hubo muchos **suecos de fama mundial**, como cantantes y tenistas. He aquí una lista de algunos de los suecos más reconocidos desde 1970 hasta hoy.

476. **El grupo de pop sueco ABBA**, formado en 1972, estaba compuesto por cuatro integrantes: A**gnetha Fältskog, Björn Ulvaeus, Benny Andersson y Anni-Frid Lyngstad**. Alcanzaron fama internacional con sus pegadizos éxitos y se convirtieron en uno de los grupos musicales más vendidos de todos los tiempos.

477. **Björn Borg es un tenista legendario** que ganó once títulos individuales de Grand Slam a lo largo de su carrera, **seis de Roland Garros y cinco de Wimbledon**. Es conocido por su actitud fría y sus icónicas cintas para la cabeza.

478. **Greta Thunberg**, nacida en 2003, **obtuvo reconocimiento mundial por su activismo climático**. Inició el movimiento de huelga escolar *Viernes por el Futuro*, que inspiró a millones de jóvenes a exigir medidas contra el cambio climático.

479. **Alexander Skarsgård es un actor sueco conocido por sus papeles en** *True Blood*, *Big Little Lies* y *Tarzán*. **Proviene de una familia de actores**, entre ellos su padre, **Stellan Skarsgård**, y sus hermanos, **Gustaf, Bill** y **Valter**.

480. **Alicia Vikander es una actriz ganadora de un Oscar** que saltó a la fama por su papel en la película *La chica danesa*. También apareció en *Ex Machina, Tomb Raider* y *El hombre de U.N.C.L.E.*

481. **Zlatan Ibrahimović, ciudadano sueco de ascendencia bosnio-croata, es un futbolista profesional** famoso por su excepcional habilidad y capacidad goleadora. Jugó en algunos de los mejores clubes de fútbol del mundo, como el FC Barcelona, el París Saint-Germain y el Manchester United.

**482. Robyn es una destacada cantante y compositora sueca** conocida por su estilo único y por éxitos como «*Dancing on My Own*», «*Call Your Girlfriend*» y «*With Every Heartbeat*». Influyó en la escena de música electrónica y pop.

**483. El fallecido Max von Sydow fue un actor sueco que apareció en numerosas películas aclamadas**, incluidos los clásicos de Ingmar Bergman *El séptimo sello* y *Fresas salvajes*. Tuvo una exitosa carrera internacional de varias décadas.

**484. Noomi Rapace es una actriz sueca que obtuvo reconocimiento internacional por su papel de Lisbeth Salander** en las adaptaciones cinematográficas originales de la serie *Millennium* de Stieg Larsson. También apareció en producciones de Hollywood como *Prometheus* y *Sherlock Holmes: Un juego de sombras*.

**485. Tim Bergling, conocido profesionalmente como Avicii, fue un influyente DJ, productor y compositor sueco.** Alcanzó el éxito mundial con canciones como «*Levels*», «*Wake Me Up*» y «*Hey Brother*», antes de su prematura muerte en 2018.

# El pueblo sami de Suecia
## (10.000 a.C.-actualidad)

**Los samis son un pueblo indígena que ha vivido durante miles de años en Sápmi, una región del norte de Europa que abarca partes de Suecia, Noruega, Finlandia y Rusia.** Tradicionalmente practicaban un **estilo de vida seminómada,** dedicándose al pastoreo de renos y a la pesca. Los samis tienen una fuerte tradición, su mitología y cuentos populares se transmiten de generación en generación. En los últimos siglos, **los samis se han enfrentado a muchos retos,** como las políticas de integración de los gobiernos de los países en los que viven.

Esta sección, explora cómo evolucionaron los samis a lo largo de los siglos.

486. **Los primeros asentamientos sami conocidos en Suecia aparecieron en el año 10.000 a. C.**

487. **La primera mención escrita que se conoce de los samis la hizo el historiador romano Tácito** en su colección de escritos *Germania*, publicada en el siglo I de nuestra era. **Los describió como pueblos nómadas** que vivían en las zonas más septentrionales de Europa y practicaban la caza y la pesca.

488. **Se cree que los samis son originarios del norte de Europa, pero se desconoce su origen exacto.** Algunos estudiosos creen que descienden de los pueblos **paleosiberianos** que emigraron a la región desde Asia hace miles de años. Otros creen que están más estrechamente relacionados con los pueblos fino-úgricos, originarios del norte de Europa.

489. **Tras la independencia de Dinamarca, Suecia reclamó todas las tierras del pueblo sami dentro de sus fronteras.**

490. En la década de 1600, **el gobierno sueco comenzó a aplicar políticas destinadas a integrar al pueblo sami,** incluyendo la conversión forzosa al cristianismo y la prohibición de la lengua sami.

491. En el siglo XIX, **el gobierno sueco creó internados para niños sami**, donde les prohibían hablar su propia lengua o practicar su cultura tradicional. Esto duró hasta la década de 1970.

492. **Estas escuelas estaban situadas en zonas remotas de Suecia y los niños samis eran obligados a asistir a ellas,** lo que significaba separarse de sus familias durante largos períodos de tiempo.

493. **Según el Parlamento Sami de Suecia, los samis fueron esterilizados en virtud de la política de higiene racial del gobierno sueco,** que estuvo en vigor desde la década de 1930 hasta la de 1970. La política se basaba en la creencia de que ciertos grupos de personas eran genéticamente inferiores y debía impedirse su reproducción.

494. En la década de 1970, **Suecia comenzó a relajar sus políticas de integración hacia los samis**, pero gran parte de la cultura y la historia sami ya se había perdido.

495. **La industrialización de Suecia y la pérdida del hábitat de los renos** llevaron a muchos samis a aceptar trabajos en zonas alejadas de sus tierras tradicionales en el norte del país.

496. **En 1917, se celebró el primer congreso sami, en el que se pedía una mayor autonomía para este pueblo.**

497. En la década de 1950, **se creó el Consejo Cultural Sami** para promover la cultura y la lengua sami.

498. En 1993, **se creó el Parlamento Sami de Suecia**, que dio voz al pueblo sami en sus propios asuntos. **Los samis pretenden promover la educación en sus lenguas**, proteger los derechos de los pastores de renos, tener voz en la toma de decisiones sobre los recursos naturales y la protección del medio ambiente **y negociar con el gobierno sueco** cuestiones sobre salud pública, servicios sociales y vivienda.

499. En octubre de 2023, **Suecia no ha ratificado el Convenio de la OIT sobre pueblos indígenas y tribales**, que reconocería los derechos del pueblo sami.

500. Hay diez lenguas sami habladas en Suecia, Finlandia, Noruega y Rusia. **Todas ellas están en peligro de extinción y se están realizando esfuerzos para preservarlas.**

**Mira otro libro de la serie**